VEGETARISCH

AUF DIE SCHNELLE

VEGETARISCH
AUF DIE SCHNELLE

rose elliot

Inhalt

Vorwort

Willkommen bei *Vegetarisch auf die Schnelle*! Ob Sie nun Vegetarier oder Veganer, Flexitarier oder Pescetarier, Teil- oder Halb-Vegetarier sind, oder ob Sie
einfach nur hin und wieder eine fleischlose Mahlzeit genießen möchten: Hier
werden Sie fündig! Wenn Sie schnelle und einfache leckere Gemüserezepte
mit naturbelassenen und gesunden Zutaten suchen, Lust haben auf pfiffige
Aromen, kräftige Farben oder aufregende Zutaten, gerne gut essen und Spaß
am Kochen haben, dann ist dieses Buch genau das Richtige für Sie.

Selten hat es einen besseren Zeitpunkt gegeben, sich an eine überwiegend
pflanzliche Ernährungsweise heranzuwagen. So belegt eine Studie nach der
anderen die gesundheitlichen Vorzüge der vegetarischen Ernährung und
von der WHO (Weltgesundheitsorganisation) wurde die Kampagne *5 am Tag*
weltweit ins Leben gerufen. Daneben gibt es heute bei uns eine unglaubliche
Vielfalt an Obst und Gemüse, Getreide und Hülsenfrüchten, Kräutern und
Gewürzen aus der ganzen Welt und auch Restaurants werden in vegetarischer
Hinsicht immer kreativer: Vegetarisch Kochen macht Schule!

Das war nicht immer so. Als ich mit gerade mal 17 Jahren anfing, für die
Gäste im Retreat-Zentrum meiner Eltern zu kochen, war das noch ganz anders.
Die meisten konnten sich unter vegetarischer Küche überhaupt nichts vorstel-
len. Es war nicht leicht, die Leute davon zu überzeugen, dass sie nicht gleich
vom Fleisch fallen oder krank werden würden, wenn sie aufhörten Fleisch zu
essen. Außerdem war die Einteilung der Mahlzeiten damals sehr viel starrer.
»Was um alles in der Welt soll man denn am Sonntag essen, wenn nicht einen
ordentlichen Braten?«, fragten die Leute. Und schließlich war die Auswahl an
Gemüse und sonstigen Zutaten noch sehr eingeschränkt. Es ist heute kaum
vorstellbar, dass eine grüne Paprikaschote damals als exotisch galt und Olivenöl nur in der Apotheke erhältlich war!

Aber mich reizte einfach die Herausforderung, die Gäste mit bunten,
vielseitigen und leckeren vegetarischen Gerichten zufriedenzustellen und
vielleicht sogar zu begeistern. Ich muss einiges richtig gemacht haben, die
Gerichte wurden geradezu verschlungen und alle wollten wissen, wie man
das machte. Also schrieb ich ein Kochbuch, *Simply Delicious*, das von meiner Familie im Herbst 1967 veröffentlicht wurde. Ich dachte es würde eine
kleine Sache, deren Erlös dem Retreat-Zentrum zugute kommen sollte, aber
es war rasch vergriffen und wurde mehrfach neu aufgelegt. Wohl auch deshalb, weil *Simply Delicious* damals nur eines von zwei vegetarischen Koch-
büchern in ganz England war. Ich bin zugegebenermaßen stolz darauf, dass
es, soweit ich weiß, das erste Buch ist, in dem die Verwendung von Eiern aus
Freilaufhaltung gefordert wurde.

1972, ich kochte immer noch für das Retreat-Zentrum, schrieb ich ein weiteres Buch, *Not Just a Load of Lentils*, wieder veröffentlicht von meiner Familie, auf meinen Wunsch mit praktischer Spiralbindung. Dann nahmen die Dinge eine unerwartete Wendung: Der Taschenbuchverlag Fontana (gehört zu HarperCollins, damals Collins) entdeckte das Buch, erwarb die Rechte daran und wurde schließlich mein Herausgeber, und blieb es bis heute. Mehr als sechzig Bücher folgten in den Siebziger-, Achtziger-, Neunzigerjahren und danach und so, wie die Verkaufszahlen meiner Bücher die 4-Millionen-Marke erklommen, nahm auch die Zahl der Vegetarier in Großbritannien zu.

Über all diese Jahre war es eine wahre Freude zu erleben, wie das Interesse an vegetarischer Küche wuchs. Oft erzählen mir Leute, dass sie durch meine Bücher Vegetarier geworden sind, ein Restaurant oder einen Bioladen eröffnet oder ein Buch geschrieben haben. Ebenso sehr freue ich mich, wenn bei fast jeder Buchvorstellung oder Lesung mindestens eine Person zu mir kommt, oft mit Baby, Kind oder sogar Teenager im Schlepptau, und mir berichtet, mit meinem Buch *Vegetarian Mother and Baby Book* aufgewachsen zu sein. Dieses mehrfach neu aufgelegte Buch entstand auf der Grundlage meiner eigenen Erfahrungen aus der Zeit, als ich meine drei Töchter vegetarisch großzog. Inzwischen habe ich sechs Enkelkinder, alle Vegetarier.

Von besonderem Interesse sind heutzutage unkomplizierte vegetarische Gerichte, die schnell fertig sind – dieses Buch, *Vegetarisch auf die Schnelle*, ist meine Antwort darauf. Es enthält 140 Rezepte von schnellen Vorspeisen und Snacks über leckere Suppen bis zu verführerischen Desserts, mit Hauptgerichten für jede Gelegenheit und tollen Beilagen. Die Hauptgerichte sind so aufgeteilt, wie sie bei uns zu Hause auf den Tisch kommen. So enthält ein Kapitel Gerichte für jeden Tag und ein anderes Rezepte für Mahlzeiten mit der Familie und mit Freunden … experimentieren und ergänzen Sie ganz nach Lust und Laune.

Alle Rezepte sind in 30 Minuten fertig, einige sogar schneller, andere gerade in dem Zeitrahmen. Ich gebe zu, bei einigen Rezepten die Grenze etwas verschoben und mich auf bereits vorbereitete Zutaten gestützt zu haben, bevor die Uhr gestellt wurde. Ich hoffe, Sie sehen mir das nach. Es sind alles Rezepte, die den zusätzlichen Aufwand lohnen, und mir lag sehr daran, Ihnen auch diese vorzustellen.

Ich hoffe, das Kochen und Essen der Gerichte macht Ihnen genauso viel Freude wie mir das Kreieren, Probieren und Testen: Viel Spaß dabei!

Anmerkungen der Autorin

Backofen

Den Backofen jeweils auf die angegebene Temperatur vorheizen. Bei Umluft- und Heißluftofen bitte auch die Herstellerhinweise beachten: Bei Umluftöfen reduziert sich die Temperatur in der Regel um etwa 20 °C. Wird der Backofen- grill verwendet, sollte dieser ebenfalls vorgeheizt werden.

Zutaten

Ganz allgemein muss man einfach sagen, dass es sich immer lohnt, die bestmöglichen Zutaten zu kaufen. Geben Sie vollwertigen Produkten wie Vollkornmehl und Naturreis den Vorzug vor industriell verarbeiteten und schauen Sie sich die Etiketten gut an. Als Faustregel gilt dabei: Je kürzer und einfacher die Zutatenliste, desto besser. Keine Konservierungsmittel, Stabilisatoren, Emulgatoren oder irgendetwas, dessen Namen man nicht aussprechen kann!

Gemüse und Obst sowie Kräuter vor der Zubereitung immer gründlich säubern, am besten unter fließendem kaltem Wasser. Gewaschene Salatblätter sollten nach dem Waschen getrocknet werden, zum Beispiel in einer Salat- schleuder, damit sie sich besser mit der Salatsauce verbinden können.

Die vorgestellten Rezepte enthalten bewusst wenig Zucker, ich verwende zum Süßen gerne Reissirup (in guten Bioläden oder Reformhäusern erhältlich) oder Ahornsirup. Zum Würzen verwende ich feines oder grobes Meersalz und frisch gemahlenen schwarzen Pfeffer.

Wenn nicht anders angegeben sind immer mittelgroße Eier gemeint (natür- lich aus Freilandhaltung).

Käse und Milcherzeugnisse

Früher wurde Käse immer mit tierischem Lab aus Kälbermägen herge- stellt. Bei einigen Käsesorten wie Parmigiano reggiano, Gorgonzola und den meisten Gruyère- und Roquefort-Sorten ist das bis heute so. Für die meisten Käsesorten gibt es aber inzwischen vegetarische Alternativen, die mit Lab aus pflanzlichen Austauschstoffen produziert werden. Das betrifft auch italienische Hartkäsesorten, die oft sogar im Supermarkt zu finden sind und wunderbar als Parmigiano-Ersatz dienen können. Lesen Sie auf der Verpackung nach oder fragen Sie an der Käsetheke. Die meisten fertigen Pestosorten enthalten Parmigiano, sind also nicht geeignet für Vegetarier. Es gibt aber vegetarische und vegane Alternativen. Einige Sorten Weichkäse und Joghurt enthalten Gelatine, diese sind natürlich nicht vegetarisch.

Würzmittel

Worcestersauce und die meisten Thai-Pasten enthalten Fischpaste, aber es gibt auch vegetarische Varianten. Auch hier gilt: Etikett beachten. Ich verwende Shoyu-Sojasauce von Clearspring, laut Etikett wird diese auf traditionelle Art aus ganzen Sojabohnen hergestellt und reift zwei Sommer lang in Zedernholzfässern. Sojasauce gibt es in ebenso vielen Qualitätsstufen wie Wein. Sie kann sich auf ein Gericht stark auswirken, es lohnt sich daher, eine wirklich gute Sojasauce zu kaufen.

Alkoholische Getränke

Es gibt verschiedene alkoholische Getränke, bei denen für die sogenannte Schönung oder Klärung tierische Produkte zum Einsatz kommen. Zu diesen Substanzen zählen Gelatine, Eiweiß, Fischöl und Chitin von Krebstieren. Aber auch hier bieten sich Alternativen an und viele Weine und andere alkoholische Getränke sind absolut vegetarisch und vegan. Manchmal gibt das Etikett darüber Aufschluss. Ansonsten sind der Fachhandel und das Internet gute Informationsquellen.

Vegane Rezepte

Viele vorgestellte Rezepte sind von sich aus vegan und auch so gekennzeichnet. Andere können durch kleine Veränderungen leicht vegan zubereitet werden. Die Austauschvorschläge dafür sind jeweils unterhalb des Rezepts in der Rubrik *Die vegane Variante* zu finden.

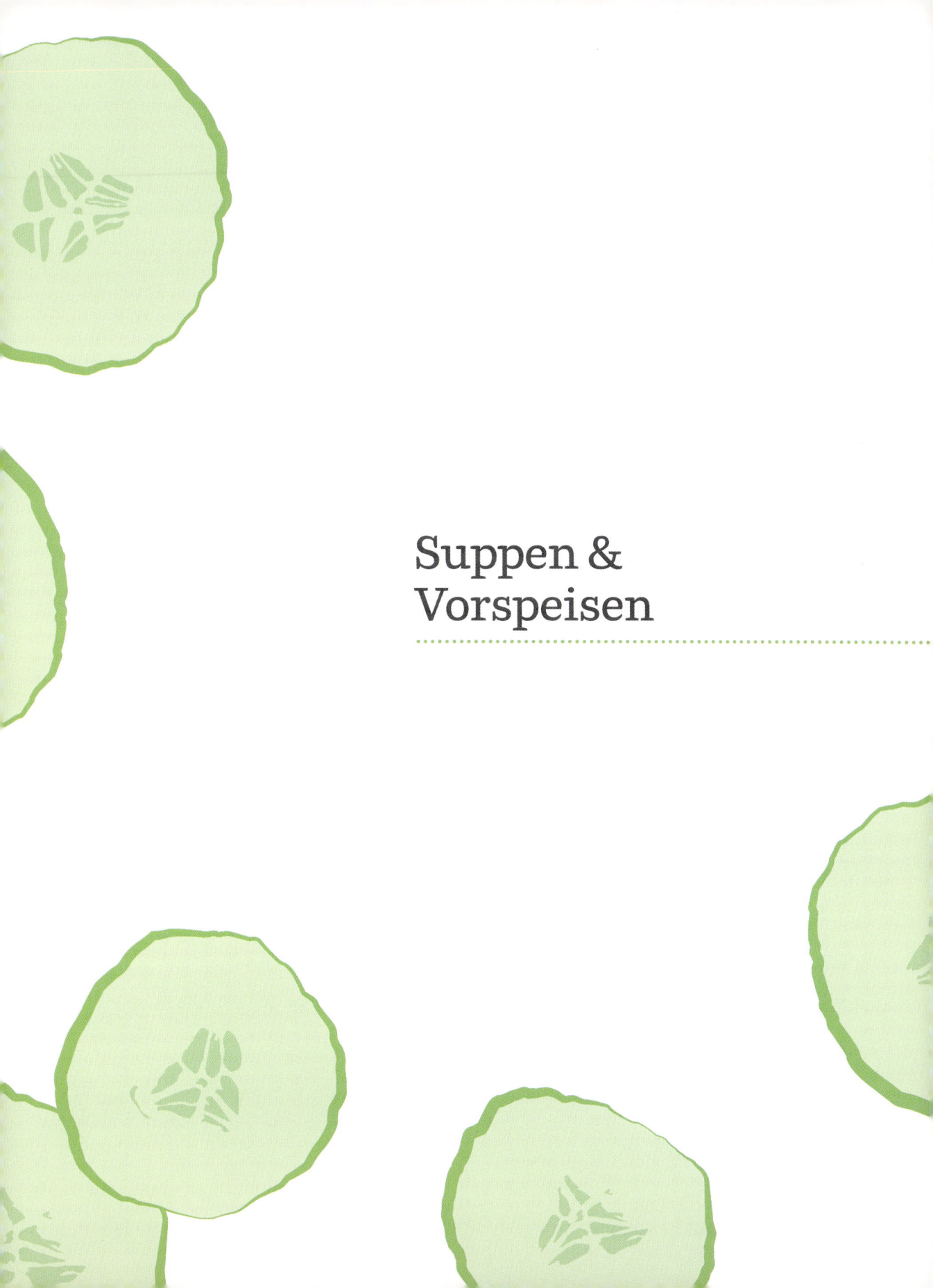

Suppen &
Vorspeisen

Kalte Rote-Bete-Suppe mit Meerrettichsahne

Eine meiner Lieblingssuppen für jede Gelegenheit: Ich schwärme geradezu für ihr leuchtendes Rot, die süß-salzige Ausgewogenheit der Roten Bete und der Gewürze, den leicht sauren Hauch der Zitrone sowie die Würze des schwarzen Pfeffers … und bei mir muss sie einfach kalt sein. Das bedeutet, dass das Gemüse in kleine Würfel geschnitten wird, damit es nur kurz in so wenig Wasser wie möglich gart. Dann die Suppe mit Eiswasser abkühlen. Das garantiert, dass sie in 30 Minuten fertig ist. Verfeinert mit scharfer Meerrettichsahne und erfrischendem grünen Dill schmeckt sie einfach köstlich.

Für 4 Personen

700 g vorgegarte Rote Bete, in grobe Würfel geschnitten

1 große Zwiebel, fein gehackt

1 große Kartoffel, geschält und in max. 5 mm große Würfel geschnitten

1 EL Olivenöl

500 ml kochendes Wasser

abgeriebene Schale und Saft von ½ Bio-Zitrone

Salz und frisch gemahlener schwarzer Pfeffer

einige Stängel Dill zum Servieren

Für die Meerrettichsahne

6 EL Sahne

1–2 EL Meerrettich aus dem Glas

1. Zunächst 700 ml Wasser und die Rote-Bete-Würfel in den Kühlschrank stellen. Je kühler die Zutaten sind, umso kürzer ist die Zubereitungszeit. Es ist keine schlechte Idee, auch die Suppenschalen vorzukühlen.

2. Die Zwiebel und die Kartoffel in einem großen Topf 7–10 Minuten im Öl anschwitzen, ohne sie zu bräunen.

3. Das kochende Wasser und die Zitronenschale hinzufügen und die Suppe bei kleiner Hitze etwa 10 Minuten köcheln, bis Kartoffel und Zwiebel schön weich sind.

4. In der Zwischenzeit die Sahne mit so viel Meerrettich verrühren, dass man ihn noch gut herausschmecken kann, beiseitestellen.

5. Die Rote Bete aus dem Kühlschrank holen, mit der Kartoffel-Zwiebel-Mischung in die Schüssel geben und mit einem Stabmixer cremig-glatt pürieren. Das eisgekühlte Wasser zugießen, etwa 2 EL Zitronensaft dazugeben und alles mit Salz und Pfeffer abschmecken.

6. Die Suppe in die gekühlten Suppenschalen schöpfen, einen Klecks Meerrettichsahne in die Mitte geben und mit etwas frischem Dill garniert servieren.

Die vegane Variante: Sojasahne und milchfreies Meerrettichrelish verwenden.

Selleriesuppe
mit Trüffelöl und knusprigen Käsechips

Aus dem leicht salzig schmeckenden Knollensellerie lässt sich eine wunderbar cremige Suppe zubereiten. Gibt man noch 1 Spritzer Trüffelöl und knusprig gebackenen Käse dazu, wird aus dieser Suppe etwas ganz Besonderes.

Für 4 Personen

1 Zwiebel, gehackt

1 Sellerieknolle (etwa 700 g) dick geschält und in 1 cm große Würfel geschnitten

1 EL Olivenöl

Salz und frisch gemahlener schwarzer Pfeffer

etwa 4 EL Trüffelöl zum Servieren

Für die Käsechips

40 g Parmesan, frisch gerieben

2 EL Hartweizengrieß

1. Die Zwiebel und den Sellerie in einem großen Topf 5 Minuten im Öl anbraten, bis sie weich werden.

2. 1 l Wasser zugießen, alles zum Kochen bringen und den Sellerie etwa 15 Minuten weich köcheln lassen.

3. Inzwischen die Käsechips zubereiten: Etwas mehr als die Hälfte des Käses in einer dünnen, lockeren Schicht in eine große Pfanne ohne Fett streuen. Den Käse bei mittlerer Hitze etwa 30 Sekunden schmelzen, dann 1 EL Grieß über den Käse streuen, gefolgt vom restlichen Käse und übrigen Grieß. Noch etwa 1 Minute auf dem Herd lassen, bis der Käse blass goldgelb wird, dann die Pfanne vom Herd nehmen und die Chips in der Pfanne abkühlen lassen. Sie werden während des Abkühlens knusprig und können dann einfach mit einem Pfannenwender aus der Pfanne genommen werden.

4. Die Suppe mit einem Stabmixer oder in einem Küchenmixer glatt und cremig pürieren. Gegebenenfalls noch maximal 500 ml Wasser zugießen, bis die Suppe die gewünschte Konsistenz erreicht hat. Mit Salz und Pfeffer würzen.

5. Die Selleriesuppe in Schalen schöpfen, jeweils etwas Trüffelöl darüberträufeln und die knusprigen Käsechips darüberstreuen. Sofort servieren.

Tipp: Echter Parmesan ist nicht vegetarisch, weil er mit Kälberlab hergestellt wird. Es gibt jedoch ein reichhaltiges Angebot an würzigen vegetarischen Hartkäsen, die Sie stattdessen verwenden können.

Kohlrabicremesuppe
mit gebratenen Zwiebeln und Kreuzkümmel

Kohlrabis sind den ganzen Winter über erhältlich und sehr preisgünstig. Aber wie kann man diesem Gemüse mit wenig Eigengeschmack etwas Aroma einhauchen? Sie werden sehr gut, wenn man sie mit Möhren mischt oder in einem Gemüsecurry mit Gewürzen aufpeppt. Oder verkochen Sie sie wie in diesem Rezept zu einer cremigen Suppe. Die Garnitur aus Zwiebeln und Kreuzkümmel sorgt zusätzlich für Geschmack und Konsistenz.

Für 4 Personen
Vegan

1 Zwiebel, gehackt

1 Kohlrabi (etwa 700 g) dick geschält und in 1 cm große Würfel geschnitten

1 Zimtstange

1 EL Olivenöl

Salz und frisch gemahlener schwarzer Pfeffer

Für die Garnitur

1 Zwiebel, in Ringe geschnitten

1 EL Olivenöl

1 TL Kreuzkümmelsamen

1. In einem großen Topf die Zwiebel und den Kohlrabi mit der Zimtstange im Öl zugedeckt etwa 5 Minuten anbraten, bis sie weich werden.

2. 1 l Wasser zugießen, alles zum Kochen bringen und die Kohlrabiwürfel etwa 15 Minuten weich köcheln.

3. Inzwischen die Garnitur vorbereiten: Die Zwiebelringe im Öl etwa 7 Minuten anschwitzen, bis sie weich sind. Dann die Hitze erhöhen und die Zwiebelringe etwas bräunen lassen. Kurz vor Ende der Garzeit die Kreuzkümmelsamen dazugeben.

4. Die Suppe in einem Küchenmixer oder mit einem Stabmixer sehr fein pürieren. Gegebenenfalls etwas Wasser zugießen, bis die Suppe die gewünschte Konsistenz erreicht hat. Mit Salz und Pfeffer abschmecken.

5. Die Suppe in Schalen schöpfen und jeweils mit der Zwiebel-Kreuzkümmel-Mischung garniert servieren.

Tipp: Für diese Suppe können Sie auch sehr gut Pastinaken anstelle der Kohlrabis verwenden.

Toskanische Bohnensuppe

Diese Suppe ist problemlos und schnell zubereitet und an einem kühlen Tag mit knusprig-frischem Brot serviert einfach nicht zu schlagen. Auch andere Bohnensorten, z. B. Borlotti-Bohnen, schmecken hier sehr gut.

Für 4 Personen
Vegan

2 EL Olivenöl

2 Zwiebeln, gehackt

4 Knoblauchzehen, zerdrückt

2 Dosen Cannellini-Bohnen (à 400 g)

etwa 400 ml Gemüsebrühe
oder Wasser

Salz und frisch gemahlener
schwarzer Pfeffer

etwas frisch gepresster Zitronensaft

natives Olivenöl extra
zum Servieren (nach Belieben)

glatte Petersilie, grob gehackt,
zum Servieren

1. Das Öl in einem großen Topf erhitzen, die Zwiebeln dazugeben und zugedeckt 10 Minuten anschwitzen, bis sie weich, aber nicht gebräunt sind. Den Knoblauch unterrühren und weitere 1–2 Minuten garen.

2. Die Cannelini-Bohnen mit der Flüssigkeit hinzufügen. Dann alles in einem Küchenmixer oder mit einem Stabmixer glatt und cremig pürieren.

3. Die Mischung zurück in den Topf geben und etwas Wasser oder Gemüsebrühe zugießen, bis die Suppe die gewünschte Konsistenz erreicht hat. Zum Kochen bringen und mit Salz und Pfeffer sowie 1–2 Spritzern Zitronensaft würzen.

4. Die Suppe in vorgewärmte Suppenschalen schöpfen, nach Belieben mit etwas Olivenöl beträufeln und mit Petersilie und Pfeffer bestreut servieren.

Butternusskürbissuppe mit Chiliöl

Diese Suppe ist ganz einfach zuzubereiten und gehört zu den leckersten Suppen überhaupt. Es gibt zwei Möglichkeiten: Ich koche sie auf dem Herd, wenn ich nur 30 Minuten zur Verfügung habe. Sie können den Kürbis aber auch etwa 1 Stunde lang im Backofen backen (siehe Tipp). Bereitet man den Kürbis im Voraus zu, weil vielleicht schon etwas anderes im Backofen brutzelt, ist die Suppe sogar in nur 10 Minuten fertig.

Für 4 Personen

Vegan

2 EL Olivenöl

1 Butternusskürbis (etwa 1 kg), geschält und in 1 cm große Würfel geschnitten

etwa 750 ml Gemüsebrühe

Salz und frisch gemahlener schwarzer Pfeffer

Chiliöl zum Servieren

1. Das Öl in einem großen Topf erhitzen und die Kürbiswürfel dazugeben. Unter gelegentlichem Rühren zugedeckt bei kleiner Hitze etwa 10 Minuten garen, bis der Kürbis weich wird, jedoch keinesfalls bräunt.

2. 500 ml Brühe zugießen, alles zum Kochen bringen und etwa 15 Minuten köcheln lassen, bis der Kürbis schön weich ist.

3. Die Suppe mit einem Stabmixer oder in einem Küchenmixer glatt pürieren. Falls erforderlich, noch Brühe zugießen, bis die gewünschte Konsistenz erreicht ist. Gegebenenfalls mit Salz und Pfeffer abschmecken.

4. Die Suppe in vorgewärmte Schalen schöpfen und mit Chiliöl beträufelt servieren.

Tipp: Zum Backen den Butternusskürbis an mehreren Stellen mit einem spitzen Messer einstechen und die Haut gleichmäßig mit Olivenöl einstreichen. Den Kürbis in einer Auflaufform etwa 1–1¼ Stunden bei 190 °C (Umluft 170 °C) backen, bis man ihn leicht mit einem Messer einstechen kann. Abkühlen lassen oder sofort verwenden.
Für die Suppe den Kürbis öffnen und Kerne, Fäden und Strunk entfernen. Die Kürbisstücke in einem Küchenmixer oder mit einem Stabmixer glatt pürieren. Dann an der Stelle im Rezept fortfahren, an der die Brühe dazugegeben wird (siehe Step 2).
Falls Sie einen Bio-Butternusskürbis verwenden und einen guten Küchenmixer besitzen, können Sie den Kürbis auch gut mit der Haut pürieren.

Erbsensuppe mit Minze

Wenn Sie auf der Suche nach einer blitzschnellen Suppe sind, ist diese Erbsensuppe kaum zu überbieten. Obwohl sie das ganze Jahr über ausgezeichnet schmeckt, kommt ihr frisches Aroma besonders im Sommer gut an.

Für 4 Personen

15 g Butter

1 Zwiebel, gehackt

125 g mehligkochende Kartoffeln, gewürfelt

450 g tiefgefrorene Erbsen, aufgetaut

4–5 Stängel Minze, Blätter abgezupft

etwa 1 l Gemüsebrühe

Salz und frisch gemahlener schwarzer Pfeffer

etwas frisch gepresster Zitronensaft

1. Die Butter in einem großen Topf schmelzen und die Zwiebel und die Kartoffelwürfel darin etwa 10 Minuten leicht anbraten.

2. Die Erbsen, die Minzeblätter und einen Großteil der Brühe dazugeben. Alles zum Kochen bringen und 10–15 Minuten köcheln lassen, bis die Kartoffeln und die Zwiebel weich sind.

3. Die Suppe in einem Küchenmixer oder mit einem Stabmixer pürieren und durch ein Sieb zurück in den Topf streichen. Nach Belieben mit etwas Wasser verdünnen und nochmals langsam erhitzen. Mit reichlich Salz und Pfeffer sowie 1 guten Spritzer Zitronensaft würzen.

Mango-Chili-Salat

Eine herrlich schmeckende Verbindung aus kontrastierenden Farben, Aromen und Formen: zarte, süße Mango, das herbe Aroma der Limette, der Kick der roten Chilischote, knackige, geröstete und gesalzene Cashewkerne, einige Kopfsalat- und Rucolablätter. Der Salat ist einfach zuzubereiten, schön anzusehen und sehr lecker!

Für 2 Personen

Vegan

1 große, saftige Mango

1 Bio-Limette

½ milde rote Chilischote oder
    einige Prisen rote Chiliflocken

einige Kopfsalatblätter

2 Handvoll Rucola

50 g gesalzene Cashewkerne,
    geröstet

1. Die Mangohälften etwa 5 mm rechts und links vom Stielansatz abschneiden, dann die Hälften schälen und das Fruchtfleisch in mundgerechte Stücke schneiden.

2. Mit einem Zestenreißer die Schale der Limette in langen, dünnen Streifen abschälen. Alternativ eine Reibe verwenden. Den Saft auspressen.

3. Die Samen der Chilischote entfernen und die Schote in feine Scheiben schneiden.

4. Die Mangostücke mit der Limettenschale und der Chilischote mischen (von beidem etwas für die Garnitur zurückbehalten). So viel Limettensaft dazugeben, bis das gewünschte herbe Aroma erreicht ist.

5. Einige Kopfsalat- und Rucolablätter auf jeden Teller legen, die Mangostücke darauf anrichten und die Cashewkerne darüberstreuen. Zum Schluss diesen schönen, farbenfrohen Leckerbissen mit Limettenschale und Chilischote garnieren.

Tipp: Die Anschaffung eines Zestenreißers, der preiswert in Haushaltswarengeschäften erhältlich ist, lohnt eigentlich immer. Sie können damit schnell und problemlos die Schale von Zitrusfrüchten in dünnen Streifen (Zesten) abziehen.

Gegrillter Chicorée und Fenchel mit Tomatenmarinade

Dieses Rezept beweist, wie wunderbar einfach zubereitetes Gemüse schmecken kann. Außerdem finde ich, dass das Gericht sich sehr gut als Vorspeise oder Beilage bei einem Grillfest macht. Reichen Sie es einfach pur oder mit einem Stück Weißbrot, z. B. Ciabatta, zum Auftunken des köstlichen, nach Knoblauch duftenden Tomatensafts.

Für 4 Personen
Vegan

2 Fenchelknollen, die Außenblätter mit einem Sparschäler geschält, um harte Fasern zu entfernen, dann halbiert

4 mittelgroße Chicoréeköpfe, halbiert

8 frische Lorbeerblätter

1 Bund Dillstängel

½ TL Dillsamen

Meersalz und frisch gemahlener schwarzer Pfeffer

Zitronenspalten zum Servieren

Für die Tomaten-Knoblauch-Paste

6 Knoblauchzehen, zerdrückt, oder 1 EL fertige Knoblauchpaste

3 EL pürierte Tomaten

1 EL Tomatenmark von sonnengetrockneten Tomaten

1 EL frisch gepresster Zitronensaft

2 EL Olivenöl

½ TL Salz

1. In einem Topf 1 cm hoch Wasser einfüllen und aufkochen. Den Fenchel mit der Schnittfläche nach unten hineinlegen und darin 10–15 Minuten garen, bis man ihn problemlos mit einem Messer einstechen kann. Abgießen und unter kaltem Wasser abschrecken.

2. Inzwischen alle Zutaten für die Tomaten-Knoblauch-Paste mischen. Den Backofengrill vorheizen.

3. Die Fenchel- und Chicoréehälften großzügig mit einem Teil der Paste bestreichen. Jeweils 1 Lorbeerblatt und 1 Stängel Dill zwischen zwei Außenblätter jeder Chicoréehälfte schieben.

4. Einige Stängel Dill auf ein Backblech oder in eine Auflaufform legen und den Chicorée und den Fenchel mit der Schnittfläche nach oben darauflegen. Alles etwa 12 Minuten unter dem Backofengrill überbacken, bis der Chicorée und der Fenchel weich und leicht gebräunt sind.

5. Chicorée und Fenchel mit den Dillsamen bestreuen, mit Salz und Pfeffer würzen und mit Dill und Zitronenspalten garniert servieren.

Tipp: Sie können dieses Gericht auch auf einem Holzkohlengrill zubereiten: Das Gemüse dazu auf einen feinmaschigen Rost auf den Grill setzen, etwas Fenchelkraut darauflegen und das Gemüse in etwa 12 Minuten leicht bräunen.

Asiatischer Birnensalat

Dieser Salat mit seinen verschiedenen Aromen, Farben und Formen ist ein Prachtexemplar. Nashi-Birnen sind knackig-saftig und haben einen zarten, leicht pikanten Geschmack. Ich mag sie in diesem Salat sehr gerne, Sie können jedoch ebenso gut auch jede andere Birnensorte verwenden. Nehmen Sie Ihre Lieblingssorte und achten Sie darauf, dass die Birnen nicht ganz reif und noch knackig sind, damit die Konsistenz ähnlich wie die der Nashi-Birnen ist. Sollten Sie keinen Mizuna Rübstiel finden, diesen asiatischen Salat mit seinen hübschen Blättern, sind Rucola und Brunnenkresse ein vollwertiger Ersatz.

Für 4 Personen
Vegan

1 kleiner/mittelgroßer Radicchio

2 Chicoréeköpfe

2 große Handvoll Mizuna Rübstiel (ersatzweise Rucola oder Brunnenkresse)

2 Nashi-Birnen

1 Handvoll schwarze Oliven

Für das Dressing

2 EL Olivenöl

2 EL Balsamessig

¼–½ TL Meersalz

½–1 TL schwarze Pfefferkörner, zerstoßen

1. Vom Radicchio und Chicorée die Blätter trennen und mit dem Mizuna auf Tellern anrichten.

2. Die Birnen halbieren, schälen und das Kerngehäuse entfernen. Die Birnen in feine Scheiben schneiden und gleichmäßig auf die Teller verteilen. Auf jeden Teller einige Oliven dazulegen.

3. Für das Dressing Öl, Essig und Salz verquirlen und über die vorbereiteten Teller träufeln. Zum Schluss etwas zerstoßenen Pfeffer darüberstreuen und servieren.

Radicchio alla griglia

Diesen Salat müssen Sie einfach ausprobieren! Er ist meine vegetarische Version eines klassischen italienischen Rezepts, für das ich Radicchio, Zitrone, Knoblauch und anstelle der traditionellen Sardellen eine Paste aus sonnengetrockneten Tomaten verwende. Er schmeckt wunderbar, auch wenn das jetzt sehr nach Eigenlob klingt … Als ich einmal keinen Radicchio bekommen konnte, habe ich den Salat mit festen Romanasalatherzen ausprobiert, auch damit schmeckt er köstlich. Für mich ist fertige Knoblauchpaste, die man im Supermarkt im Glas und mit Kräutern und Gewürzen zubereitet kaufen kann, zeitsparend und perfekt für dieses Rezept geeignet. Die Gläser mit dem Tomatenmark aus sonnengetrockneten Tomaten findet man oft genau daneben oder in Tuben bei den handelsüblichen, pürierten Tomaten. Können Sie kein Walnussöl bekommen, verwenden Sie Olivenöl. Nun genug der Worte, hier ist das Rezept.

Für 4 Personen

1 großer Radicchio, geviertelt,
  oder 2 kleinere, halbiert

25 g Walnusskerne, grob gehackt,
  zum Servieren

Parmesan, gehobelt,
  zum Servieren (nach Belieben)

Für die Tomaten-Knoblauch-Paste

1 EL fertige Knoblauchpaste

2 EL Tomatenmark aus sonnengetrockneten Tomaten

2 EL frisch gepresster Zitronensaft

4 EL Walnuss- oder Olivenöl

Salz und frisch gemahlener
  schwarzer Pfeffer

1. Zuerst für die Paste alle Zutaten mischen und mit Salz und Pfeffer würzen. Den Backofengrill vorheizen.

2. Die Radicchiostücke mit der Paste bestreichen, auch zwischen den Blättern und sämtliche Blattflächen, sodass sie rundum mit der Paste überzogen sind.

3. Die Radicchiostücke mit den Schnittflächen unter den Backofengrill oder auf einem feinmaschigen Rost auf den Grill legen. Etwa 3 Minuten grillen, bis der Radicchio beginnt zusammenzufallen und an den Rändern leicht zu bräunen. Dann wenden und nochmals 2–3 Minuten grillen.

4. Währenddessen die gehackten Walnusskerne in einer Pfanne ohne Fett bei mittlerer Hitze 1–2 Minuten rösten, bis sie beginnen leicht zu bräunen und zu duften. Sofort aus der Pfanne auf einen Teller schütten, damit sie nicht nachbräunen.

5. Den Radicchio mit den gerösteten Walnusskernen und nach Belieben mit dem gehobelten Parmesan bestreuen und heiß servieren.

Ofenspargel mit Blitz-Hollandaise

Ich gebe zu, das ist leicht übertrieben: Die Sauce ist keine echte Fertigsauce, wird aber fast genauso schnell fertig. Man bereitet sie in der Küchenmaschine zu, serviert sie mit dem Spargel und schon hat man ein wunderbar frühsommerliches Gericht. Ich liebe es, wie gerade der gebackene Spargel das Aroma bündelt (und er ist so einfach zuzubereiten). Aber Sie können den Spargel auch 3–4 Minuten in etwas Wasser gerade eben weich garen. Dieses Gericht ist mit der unten beschriebenen, fantastischen veganen Mayonnaise auch für Veganer geeignet.

Für 4 Personen

500 g weißer Spargel, geschält und geputzt

2 EL Olivenöl

Meersalz

Für die Sauce hollandaise

250 g Butter, in Stücke geschnitten

4 Eigelb

2 EL frisch gepresster Zitronensaft

Salz und frisch gemahlener schwarzer Pfeffer

1. Den Backofen auf 220 °C (Umluft 200 °C) vorheizen.

2. Den Spargel im Olivenöl wenden und auf einem Backblech ausbreiten, mit Meersalz bestreuen und im Backofen etwa 10 Minuten backen, bis er gerade weich und leicht gebräunt ist.

3. In der Zwischenzeit die Sauce zubereiten: Die Butter langsam in einem Topf schmelzen, ohne sie zu bräunen. Die Eigelbe, den Zitronensaft und etwas Salz und Pfeffer in einem Küchenmixer 1 Minute lang zu einer dickflüssigen Mischung rühren. Die geschmolzene Butter unter Rühren kontinuierlich in einem dünnen Strahl zugießen und so die Sauce eindicken. 1–2 Minuten ruhen lassen.

4. Die Hollandaise entweder direkt über den Ofenspargel gießen oder in kleinen Schalen dazu servieren.

Die vegane Variante: Tofumayonnaise passt hervorragend zu Spargel (und zu vielen anderen Gerichten). Dazu 200 g festen Tofu, 1 ½ EL Apfelessig, 2 EL Olivenöl, 1 EL Dijonsenf und ¼ TL Salz in einem Küchenmixer glatt rühren. Schön hell und cremig schmeckt die Tofumayonnaise besonders gut. Da sie sich im Kühlschrank 5–7 Tage hält, ist ein kleiner Vorrat davon immer praktisch.

Grillfenchel mit Ziegenkäse und Oliven

Das Geheimnis der Zubereitung des leckeren, nach Anis schmeckenden Fenchels liegt im Entfernen aller harten Fasern: Einfach die Außenblätter mit einem Sparschäler schälen – das ist alles. Außerdem halte ich es für das Beste, Fenchel vor dem Grillen kurz vorzugaren, dann erhält man zarte Stückchen mit schön gebräunten Rändern.

Für 4 Personen

2 große Fenchelknollen, die Außenblätter mit einem Sparschäler
geschält, um harte Fasern zu
entfernen, dann der Länge nach
in 6 oder 8 Stücke geschnitten

2 EL Schnittlauchröllchen

schwarze oder grüne Oliven

200 g cremiger Ziegenfrischkäse

Für die Zitronen-Pfeffer-Marinade

4 EL Olivenöl

abgeriebene Schale und Saft von
½ Bio-Zitrone

1 Knoblauchzehe, zerdrückt

½ TL Meersalz

1 Lorbeerblatt, halbiert

½ TL grob gemahlene schwarze
Pfefferkörner

1. In einen Topf 1 cm hoch Wasser einfüllen und aufkochen. Den Fenchel hineinlegen und darin etwa 8 Minuten gerade eben weich garen. Abgießen.

2. Die Fenchelstücke nebeneinander auf ein Grillblech oder in eine flache Auflaufform legen. Den Backofen-grill vorheizen.

3. Für die Marinade alle Zutaten mit einem Schnee-besen verquirlen.

4. Die Marinade über den Fenchel gießen, dabei darauf achten, dass alle Stücke davon rundum überzogen sind. Mindestens 10 Minuten oder zumindest bis 10 Minuten vor dem Servieren ziehen lassen.

5. Abgießen und überschüssige Marinade auffangen. Den Fenchel unter dem Backofengrill 5–10 Minuten grillen, bis die Ränder gebräunt sind.

6. Den Fenchel in eine große Schale legen und die rest-liche Marinade darübergießen. Mit Schnittlauch und Oliven bestreuen und mit Ziegenfrischkäse servieren.

Tipp: Sie können den Fenchel auch auf einem fein-maschigen Rost auf dem Holzkohlengrill zubereiten.

Die vegane Variante: Mit veganem Kräuter- oder Knoblauchfrischkäse anstelle des Ziegenfrischkäses schmeckt dieses Gericht auch Veganern sehr gut.

Ziegenkäse in Filoteig mit Cranberrysauce

Diese Ziegenkäsepäckchen sind schnell zubereitet und sehr beliebt. Die Anzahl und die Größe der Filoteigblätter in einer Packung können je nach Marke unterschiedlich ausfallen. Aber keine Sorge, es reicht völlig aus, wenn sie ungefähr so groß sind, wie hier beschrieben. Die Zutaten ergeben mehr Cranberrysauce, als Sie für dieses Rezept benötigen, sie hält sich aber im Kühlschrank ungefähr 4 Wochen.

Für 4–6 Personen

1 Packung Filoteig (etwa 36 Blätter à 15×15 cm)

Olivenöl zum Einstreichen

300 g halbfester Ziegenkäse (ohne Rinde), z. B. Ziegenrolle

einige kleine rote Mangoldblätter zum Servieren

etwas Vinaigrette zum Servieren

Für die Cranberrysauce

300 g frische Cranberrys

250 g Rohrohrzucker

frisch gepresster Saft von ½ Orange

1. Den Backofen auf 200 °C (Umluft 180 °C) vorheizen. Die zwölf Mulden eines Muffinblechs rundum mit Olivenöl einstreichen.

2. Für die Taschen jeweils die Oberseite von 3 Filoquadraten mit Olivenöl einstreichen und versetzt übereinander legen, sodass ein Stern mit 12 Zacken entsteht.

3. Je 1 gut gehäuften TL Ziegenkäse (etwa 25 g) in die Mitte jedes Teigsterns geben und die Ränder und Ecken der Teigblätter über dem Käse wie zu einem Beutel zusammendrücken. Das Päckchen jeweils in eine Mulde des Muffinblechs setzen.

4. Aus den restlichen Filoquadraten und dem Ziegenkäse auf diese Weise 11 weitere Päckchen formen.

5. Für die Sauce die Cranberrys in einem Topf mit dem Zucker und dem Orangensaft einige Minuten bei kleiner Hitze kochen, bis sich der Zucker aufgelöst hat. Dann alles etwa 10 Minuten köcheln lassen, bis die Cranberrys weich sind. Die Sauce dickt während des Abkühlens weiter ein.

6. Die Filopäckchen im Backofen in 10–15 Minuten knusprig goldbraun backen. Sofort mit der Cranberrysauce und einem Blattsalat aus roten Mangoldblättern mit Vinaigrette servieren.

Die vegane Variante: Verwenden Sie veganen Frischkäse anstelle des Ziegenkäses.

Leckeres Dip-Trio

Drei einfache, beliebte Dips, die im Handumdrehen fertig und perfekt für einen spontanen Snack oder eine Party sind.

Stilton-Dip mit Portwein und schwarzem Pfeffer

Für 4 Personen

200 g Stilton (Blauschimmelkäse), in grobe Stücke gebrochen

100 g Weichkäse

1 EL Portwein

Salz und zerstoßener schwarzer Pfeffer

Diese Kombination gehört zu den Klassikern.

Den Stilton, den Weichkäse und den Portwein in einem Küchenmixer oder mit einem Stabmixer zu einer glatten Creme verarbeiten. Falls nötig, leicht salzen, dann den Dip in eine kleine Schale füllen und großzügig mit zerstoßenem schwarzem Pfeffer bestreuen.

Guacamole

Für 4 Personen
Vegan

3 Avocados, geschält, Kern entfernt und grob zerkleinert

frisch gepresster Saft von 1 Limette

1 Bund Koriandergrün (etwa 30 g), grob gehackt

1 rote Chilischote, Samen entfernt und in Scheiben geschnitten

2–3 EL fein gehackte rote Zwiebel

Salz

Limette und Koriandergrün sorgen bei dieser wunderbar leuchtend grünen Guacamole für die frische Note, die rote Zwiebel für den Biss.

Die Avocados mit dem Limettensaft in einer Küchenmaschine oder mit einem Stabmixer zu einer cremigen Paste pürieren. Das Koriandergrün hinzufügen, dann die Chilischote und die rote Zwiebel unterheben und die Paste mit Salz würzen. Nach Belieben die Stückchen in der Guacamole lassen oder sie in einem Küchenmixer oder mit einem Stabmixer zur gewünschten Konsistenz pürieren. In einer kleinen Schale servieren.

Rote Paprika-Salsa

Für 4 Personen
Vegan

1 rote Paprikaschote, Stielansatz, Samen und Scheidewände entfernt, grob gehackt

1 rote Zwiebel, grob gehackt

1–2 Tomaten, grob gehackt

etwa 1 EL Tomatenketchup

Tabascosauce

Salz

Schnell gemacht, würzig und vielseitig verwendbar: Diese Salsa macht sich großartig als Dip oder als Beigabe zu Gerichten, die noch eine frische Geschmacksnote und ein paar mehr Farben vertragen können.

Die Paprikaschote, die Zwiebel und die Tomaten in einem Küchenmixer oder mit einem Stabmixer grob zerkleinern. Mit dem Tomatenketchup abschmecken und mit 1–2 Tropfen Tabascosauce sowie etwas Salz abschmecken. In einer kleinen Schüssel servieren.

Artischockenherzen mit Champignons

Diese Vorspeise ist mit einer meiner »schnellen« Lieblingszutaten wirklich einfach zuzubereiten: Gegrillte Artischockenherzen aus dem Glas. Sie bekommen sie in den meisten Supermärkten, häufig stehen sie in der Nähe der Oliven. Besonders gut schmeckt dieses Gericht lauwarm und mit ebenfalls warmem Weißbrot zum Auftunken der Sauce, wie z. B. Ciabatta.

Für 4 Personen

Vegan

1 Dose/Glas gegrillte Artischocken in Sonnenblumenöl (etwa 400 g)

300 g junge Champignons, größere Exemplare halbiert

2 Knoblauchzehen, zerdrückt

1 Lorbeerblatt

2 EL frisch gepresster Zitronensaft

Salz und frisch gemahlener schwarzer Pfeffer

glatte Petersilie, gehackt, zum Servieren

warmes Ciabatta zum Servieren

1. Die gegrillten Artischocken mit dem Einlegeöl und den Einlegezutaten in einen großen Topf geben. Die Champignons, den Knoblauch und das Lorbeerblatt hinzufügen. Den Topf bei mittlerer Hitze vorsichtig erwärmen und die Champignons etwa 10 Minuten langsam im Öl anbraten.

2. Den Zitronensaft unterrühren und alles mit Salz und Pfeffer abschmecken.

3. Die Artischocken und die Champignons auf vier vorgewärmten Tellern anrichten, die gehackte Petersilie darüberstreuen und dazu warmes Brot servieren.

Frittierte Auberginen mit Kapernsauce

Diese innen zarten, außen aber wunderbar krossen und knusprigen Leckerbissen sind sehr einfach zuzubereiten. Mit der cremigen Kapernsauce gehören sie zu meinen absoluten Lieblingsgerichten.

Für 4 Personen

2 mittelgroße Auberginen

Olivenöl zum Braten

Zitronenspalten zum Servieren

Für die Panade (siehe Tipp)

120 g Speisestärke

½ TL Salz

100 g feine Semmelbrösel

Für die Kapernsauce

4 gehäufte EL Mayonnaise

1 EL Kapern, abgespült, abgetropft und gehackt

1. Die Auberginen mit einem Sparschäler schälen, die Stielansätze entfernen und die Auberginen in etwa 8 mm dicke Scheiben schneiden. Sie können sie in Scheiben, lange Streifen, fingerdicke Stücke oder Dreiecke schneiden – ganz, wie es Ihnen gefällt.

2. Für die Panade die Speisestärke, das Salz und 90–120 ml Wasser zu einer Masse verrühren, die flüssig genug ist, um die Auberginenscheiben einzutauchen, aber fest genug, um an ihnen zu haften. Ich rühre die Mischung mit den Fingern an, während ich nach und nach das Wasser dazugebe. So kann ich fühlen, wann die richtige Konsistenz erreicht ist.

3. Die Auberginenstücke zuerst in der Stärkemischung, dann in den Semmelbröseln wenden.

4. In einer Pfanne so viel Olivenöl erhitzen, dass der Pfannenboden leicht bedeckt ist. Die Auberginen darin auf beiden Seiten braten, bis sie außen knusprig goldbraun und innen zart sind, wenn man sie mit einer Messerspitze einsticht. Auf Küchenpapier abtropfen lassen.

5. Währenddessen aus Mayonnaise und Kapern die Sauce rühren und in eine kleine Schale geben.

6. Die Auberginenscheiben mit Zitronenspalten und Kapernsauce servieren.

Tipp: Die Speisestärke-Semmelbrösel-Mischung ist meine Lieblingspanade für frittiertes Gemüse, Kroketten und Ähnliches. Bei dieser dünnen, aber gut haftenden Panade kann nichts schiefgehen und das Ergebnis ist wunderbar knusprig. Ich ziehe diese Mischung einer Panade aus Eiern und Semmelbröseln vor.

Die vegane Variante: Verwenden Sie anstelle der milchhaltigen Mayonnaise die Tofumayonnaise von Seite 26.

Feigen mit Stilton und warmem Honig-Balsamessig-Dressing

Diese perfekte Vorspeise für den Herbst – oder für Weihnachten – ist eine leckere Kombination aus Aromen und Farbtupfern und lässt sich ganz einfach zubereiten. Versuchen Sie, süße, reife Feigen zu bekommen, obwohl die Honig-Balsamessig-Marinade auch weniger perfekten Früchten die richtige Süße verleiht. Es gibt viele gute vegetarische Stilton-Sorten, die man für dieses Gericht verwenden kann.

Für 4 Personen

4 frische, reife Feigen

8 runde Salatblätter, z. B. die Außenblätter von Romanasalatherzen

4 kleine Handvoll Brunnenkresse, geputzt

175 g Stilton (Blauschimmelkäse), in mundgerechte Stücke geschnitten oder gebrochen

frisch gemahlener schwarzer Pfeffer

Für das Dressing

1 EL aromatischer Honig, z. B. Thymian- oder Waldhonig

1 EL Olivenöl

2 EL Balsamessig

1 gute Prise Salz

1. Die Feigen längs durch den Stielansatz achteln.

2. Für das Dressing den Honig, das Olivenöl und den Balsamessig in einem kleinen Topf langsam erhitzen, bis der Honig schmilzt. Das Salz einrühren, dann die Feigen hineinsetzen und vorsichtig in dem Dressing wenden, bis sie davon rundum überzogen und angewärmt sind. Vom Herd nehmen.

3. Zwei Salatblätter auf jedem Teller anrichten, zuerst die Brunnenkresse, dann die Feigen und zum Schluss den Stilton darübergeben.

4. Mit dem restlichen Dressing beträufeln und mit etwas schwarzen Pfeffer bestreut servieren.

Snacks &
leichte Mahlzeiten

Warmer Süßkartoffel-Couscous-Salat mit Limette und Koriander

Kräftige, intensiv süße, mit Limette säuerlich verfeinerte Kartoffeln, knackige rote Zwiebeln und frisches Koriandergrün auf einem Bett aus zartem Couscous sind ausgesprochen lecker und erfrischend. Man muss eigentlich nichts hinzufügen, kann das Ganze aber mit etwas würzigem Ziegenkäse oder Hummus abrunden.

Für 4 Personen

Vegan

4 mittelgroße Süßkartoffeln (etwa 600 g), gebürstet und in 2 cm große Stücke geschnitten

2 EL Olivenöl

500 ml Gemüsebrühe

250 g Couscous

abgeriebene Schale und Saft von 1 Bio-Limette

4 EL fein gehackte rote Zwiebel

Salz und frisch gemahlener schwarzer Pfeffer

2 EL grob gehacktes Koriandergrün

1. Den Backofen auf 220 °C (Umluft 200 °C) vorheizen.

2. Die Süßkartoffelstücke in 1 EL Olivenöl wenden und in eine Auflaufform geben. Im Backofen insgesamt 25 Minuten backen, bis sie weich und goldbraun sind, dabei nach 10–15 Minuten wenden.

3. Inzwischen die Gemüsebrühe zum Kochen bringen, den Couscous und 1 EL Olivenöl dazugeben. Zudecken, vom Herd nehmen und 10–15 Minuten quellen lassen.

4. Die Süßkartoffeln aus dem Backofen nehmen und mit der Schale und dem Saft der Limette und der gehackten roten Zwiebel mischen. Mit Salz und Pfeffer abschmecken.

5. Das Couscous mit einer Gabel lockern und etwas salzen, dann sorgfältig mit den Süßkartoffeln mischen. Mit dem Koriandergrün bestreut servieren.

Bulgursalat mit Edamame, Erbsen, Dicken Bohnen und Minz-Joghurt-Dressing

Dieser Salat mit seinem sommerlich frischen Minzdressing ist ein wunderbar nahrhafter Hauptgang. Enthülste Edamame-Bohnen, die eher wie gefrorene Erbsen aussehen, findet man in großen Supermärkten und Bioläden. Eigentlich sind es junge, grüne Sojabohnen, die viele Proteine und Nährstoffe enthalten. Dazu passen außerdem knackig-frische Salatblätter und eventuell ein paar Sommertomaten mit Basilikum (wie der Gemischte Bauerntomatensalat, siehe Seite 180).

Für 4 Personen

200 g Bulgur

Salz

100 g tiefgefrorene, enthülste Edamame-Bohnen, aufgetaut

100 g tiefgefrorene junge Erbsen, aufgetaut

200 g Zuckerschoten, geputzt

150 g tiefgefrorene Dicke Bohnen

6 Frühlingszwiebeln, gehackt

4 EL gehackte glatte Petersilie

2 EL natives Olivenöl extra

2 EL frisch gepresster Zitronensaft

frisch gemahlener schwarzer Pfeffer

Für das Minz-Joghurt-Dressing

300 g Naturjoghurt

2 EL gehackte Minze

Salz und frisch gemahlener schwarzer Pfeffer

1. Den Bulgur mit etwa 400 ml Salzwasser in einen Topf geben. Zum Kochen bringen und die aufgetauten Edamame-Bohnen und Erbsen darübergeben. Vom Herd nehmen und zugedeckt 1 Minute ziehen lassen oder so lange, bis der Bulgur locker und weich ist.

2. Inzwischen die Zuckerschoten etwa 3 Minuten in kochendem Wasser weich garen. Mit einem Schaumlöffel in ein Sieb geben und kalt abschrecken (das Wasser im Topf nicht weggießen), beiseitestellen.

3. Das Wasser im Topf nochmals zum Kochen bringen und die Dicken Bohnen darin 2 Minuten blanchieren. Abgießen und kurz kalt abschrecken. Ich befreie die leuchtend grünen Bohnen gerne mit den Fingern aus ihren Hülsen, weil es schöner aussieht, aber das ist Geschmackssache und kein Muss.

4. Den fertigen Bulgur mit einer Gabel auflockern und dabei die Edamame-Bohnen und die Erbsen unterheben. Die Zuckerschoten, die Dicken Bohnen, die Frühlingszwiebeln, die Petersilie, das Olivenöl und den Zitronensaft dazugeben und den Salat mit Salz und Pfeffer abschmecken.

5. Für das Dressing den Joghurt mit der gehackten Minze vermischen und mit etwas Salz und Pfeffer würzen. Mit dem Bulgursalat in einer kleinen Schüssel servieren.

Die vegane Variante: Für das Dressing ungesüßten Natur-Sojajoghurt verwenden.

Salat aus grünen Bohnen und Limabohnen mit knusprigem Knoblauchbaguette

Ich schwärme für diese erfrischende und zugleich sättigende Kombination aus frischen grünen Bohnen in der Hülse und gekochten Bohnen. Im Sommer schmeckt dieser Salat mit aromatischen Tomaten, Oliven und frischen Kräutern besonders gut.

Für 2–4 Personen
Vegan

250 g feine grüne Bohnen, nach Belieben geputzt (siehe Tipp)

1 Dose Limabohnen (400 g), abgetropft

250 g Tomaten, wenn möglich Roma-Tomaten, in Scheiben geschnitten

einige Stängel Basilikum, zerpflückt

1 Handvoll schwarze Oliven

Salz und grob gemahlener schwarzer Pfeffer

Für das Knoblauchbaguette

1 Knoblauchzehe

2–4 Scheiben Baguette oder Vollkornbrot

Olivenöl

Für das Senfdressing

1 EL Dijonsenf

1 EL Rotwein- oder Apfelessig

Salz

3 EL Olivenöl

grob gemahlener schwarzer Pfeffer

1. Die Bohnen 4–6 Minuten in kochendem Wasser garen, bis sie weich, aber noch knackig sind. Abseihen und unter fließendem kaltem Wasser abschrecken, dann abtropfen lassen. Den Backofengrill vorheizen.

2. Die gekochten Bohnen in eine Schüssel geben und die Limabohnen, die Tomaten, das Basilikum und die Oliven hinzufügen. Mit Salz und etwas Pfeffer würzen.

3. Für das Knoblauchbaguette die Knoblauchzehe halbieren und die Brotscheiben damit auf einer Seite einreiben. Die Brotscheiben auf beiden Seiten mit etwas Olivenöl bestreichen, auf ein Backblech setzen und im Backofen braun und knusprig grillen.

4. Inzwischen für das Dressing den Senf, den Essig und etwas Salz in einer Schüssel mit einer Gabel oder einem kleinen Schneebesen verquirlen. Dann nach und nach das Olivenöl zugießen und mit Pfeffer würzen.

5. Den Salat mit der Hälfte des Dressings gleichmäßig mischen, dann auf Teller oder eine Servierplatte geben und das restliche Dressing über und um den Salat träufeln. Noch etwas zusätzlichen Pfeffer grob über den Salat mahlen und mit den knusprigen Knoblauch-broten servieren.

Tipp: Ich sehe das Putzen der Bohnen mittlerweile nicht mehr so eng. Zuerst habe ich beide Enden abge-knipst, dann nur noch das obere Ende und heute schneide ich überhaupt nichts mehr ab: Ich finde, sie sehen in ihrem Naturzustand schön aus, und natürlich ist es auch weniger Arbeit für den Koch! Aber da gehen die Meinungen auseinander … entscheiden Sie selbst.

Mexikanischer Bohnensalat

Dieses Gericht, eine heiße Chili-Bohnen-Mischung auf Salat, garniert mit Avocadostückchen, saurer Sahne, Schnittlauch und Koriandergrün, ist halb Salat und halb warme Speise und stellt eine Variante der zweifach gegarten mexikanischen Bohnen »frijoles refritos« dar. Sie können auch 1 Handvoll Oliven und ein paar knusprige Tortilla-Chips dazugeben. Diese Mahlzeit ist genau richtig, wenn Sie etwas Schnelles, Scharfes und Leckeres suchen, außerdem sieht sie sehr farbenfroh aus.

Für 2 Personen

1 EL Olivenöl

1 Zwiebel, gehackt

1 grüne Chilischote, Samen entfernt und in Streifen geschnitten

1 Knoblauchzehe, zerdrückt

1 Dose stückige Tomaten (400 g)

1 Dose Kidneybohnen (400 g), abgetropft

1 kleiner Kopfsalat

1 kleine rote Paprikaschote, Stielansatz, Samen und Scheidewände entfernt, in Scheiben geschnitten

4 Tomaten, in Scheiben geschnitten

1 Avocado

2 EL Schnittlauchröllchen

150 g Naturjoghurt oder saure Sahne

Salz und frisch gemahlener schwarzer Pfeffer

einige Korianderblätter zum Servieren (nach Belieben)

1. Das Öl in einem Topf erhitzen, die Zwiebel dazugeben und bei mittlerer Hitze unter gelegentlichem Rühren zugedeckt 5 Minuten anschwitzen.

2. Die Chilischote, den Knoblauch und die Tomatenstücke zu den Zwiebeln geben und 5 Minuten garen.

3. Die Bohnen dazugeben und mit einem Holzlöffel oder einem Kartoffelstampfer grob zerdrücken. Die Masse erhitzen, dann mit Salz und Pfeffer würzen und bei kleiner Hitze warm halten.

4. Eine große Platte mit Salatblättern belegen und die Paprika und Tomaten darauf anrichten.

5. Die Avocado schälen, entkernen und grob in Stücke schneiden. Die Schnittlauchröllchen unter den Joghurt oder die saure Sahne heben.

6. Mit einem Löffel die Bohnenmischung in die Mitte der Salatblätter geben. Die klein geschnittene Avocado darüber verteilen und etwas Joghurtmischung darübergeben. Den Rest in eine kleine Schüssel füllen und mit dem Salat auf den Tisch stellen. Den Salat nach Belieben mit frischen Korianderblättern garnieren und sofort servieren.

Die vegane Variante: Den milchhaltigen Joghurt oder die milchhaltige saure Sahne durch vegane Sorten ersetzen: Vegane saure Sahne und ungesüßten Soja-Joghurt gibt es in den meisten Bioläden und in gut sortierten Supermärkten.

Warmer Quinoasalat
mit Dicken Bohnen und Granatapfelkernen

Ein erfrischender Salat, leicht, aber nahrhaft, der warm oder kalt serviert werden kann und dazu noch hübsch aussieht. Ich mag ihn so, wie er ist, Sie können ihn aber auch noch etwas aufpeppen: Mit Blättern von Mini-Romanasalatherzen als Unterlage, mit salzig-würzigem, zerkrümeltem Feta, etwas Hummus oder einem der cremigen Dips in diesem Buch, z. B. der Tofumayonnaise auf Seite 26, mit einigen reifen Avocadostückchen oder einem Klecks Sonnenblumenkernpaste (siehe Seite 148).

Für 2–4 Personen

Vegan

125 g Quinoasamen

200 g tiefgefrorene Dicke Bohnen

1 Granatapfel

4 kleine Frühlingszwiebeln, gehackt

Salz

Für das Dressing (nach Belieben)

1 EL brauner Reisessig

1 EL Mirin (süßer japanischer Reiswein)

2 EL gehackte Minze

1. Die Quinoasamen in einem Sieb unter fließendem kaltem Wasser waschen, dann mit 250 ml Wasser in einen Topf geben. Zum Kochen bringen und bei kleiner Hitze zugedeckt 15 Minuten köcheln lassen, bis die Quinoasamen das ganze Wasser aufgenommen haben und schön locker sind.

2. Inzwischen die Dicken Bohnen in kochendem Wasser zugedeckt 2–3 Minuten garen. Die Bohnen abgießen und zum raschen Abkühlen mit kaltem Wasser bedecken. Dann die leuchtend grünen Bohnen mit den Fingern aus ihren grauen Hülsen lösen.

3. Falls Sie ein Dressing dazu servieren möchten, alle Zutaten hierfür vermischen, die Bohnen damit marinieren und beiseitestellen.

4. Den Granatapfel quer halbieren. Jeweils eine Hälfte mit der Schnittfläche nach unten über eine Schüssel halten und mit einem Holzlöffel auf den Granatapfel klopfen, um die schönen roten Kerne zu lösen. Mit der zweiten Hälfte wiederholen.

5. Die Dicken Bohnen und die Granatapfelkerne mit den gehackten Frühlingszwiebeln zu den Quinoasamen geben und mit Salz abgeschmeckt servieren.

Warmer Salat aus gebackenem Blumenkohl, Brunnenkresse und Käse

Gebackener Blumenkohl mit seinem geballten Aroma und seiner leckeren Kruste ist für den Gaumen eine echte Offenbarung. Er schmeckt zusammen mit salzigem, krümeligem Käse wie Cheddar, Stilton oder Chester sehr gut als warmer Salat. Lesen Sie das Etikett oder fragen Sie an der Käsetheke, ob der Käse vegetarisch hergestellt ist.

Für 4 Personen

1 Blumenkohl, in Röschen zerteilt,
    die Außenblätter entfernt

125 g krümeliger weißer Käse

1 Bund Brunnenkresse, geputzt

Für das Zitronen-Knoblauch-Dressing

4 EL Olivenöl

2 Knoblauchzehen, zerdrückt

frisch gepresster Saft von 1 Zitrone

frisch gemahlener schwarzer Pfeffer

1. Den Backofen auf 200 °C (Umluft 180 °C) vorheizen.

2. Die Blumenkohlröschen in mundgerechte Stücke schneiden. In einer Lage in einer ofenfesten Form oder einer flachen Auflaufform ausbreiten. Das Olivenöl, den Knoblauch, den Zitronensaft und den schwarzen Pfeffer dazugeben und gut untermischen, sodass alle Röschen bedeckt sind.

3. Im Backofen etwa 25 Minuten backen, bis der Blumenkohl weich und stellenweise leicht gebräunt ist. Die Käsekrümel darüberstreuen und den Blumenkohl mit Brunnenkresse bestreut servieren.

Quinoa mit Basilikum und Pinienkernen

Dies ist eines meiner Lieblingsgerichte für die unglaublich nährstoffreichen Samen der Quinoapflanze. Warm serviert und mit dem Supergesunden Salat (siehe Seite 48) kombiniert verbreitet dieses Quinoarezept sonnig-mediterranes Flair.

Für 2–4 Personen

Vegan

200 g Quinoasamen

Salz

4 EL Pinienkerne

1 EL Olivenöl

1 großes Bund Basilikum,
    in feine Streifen geschnitten

1. Die Quinoasamen in ein Sieb geben und unter fließendem kaltem Wasser (siehe Seite 48) waschen. Dann mit 400 ml Wasser und 1 Prise Salz in einen Topf geben, zum Kochen bringen und zugedeckt 15 Minuten leise köcheln lassen. Die Quinoasamen haben dann das ganze Wasser aufgenommen und sind weich.

2. Inzwischen die Pinienkerne bei mittlerer Hitze in einer Pfanne ohne Fett unter Rühren gleichmäßig goldbraun rösten. Sofort auf einen Teller schütten, damit sie nicht zu stark nachbräunen. Das Olivenöl mit den Pinienkernen und dem Basilikum unter die gegarten Quinoasamen heben. Heiß oder warm servieren.

Blumenkohl-Käse-Auflauf
mit Senf, Kapern und Kirschtomaten

Dieser Blumenkohlauflauf geht ganz einfach und ist im Handumdrehen fertig, weil er mit Frischkäse und nicht mit einer herkömmlichen Sauce zubereitet wird. Sie können dafür einen Käse mit mittlerem oder niedrigem Fettgehalt verwenden, sollten aber die Liste der Inhaltsstoffe lesen, weil einige leichte Käse- und Joghurtsorten Gelatine enthalten können.

Für 4 Personen

1 Blumenkohl, geputzt und
   in 1 cm große Stücke geschnitten

Salz

300 g Doppelrahm-Frischkäse

1 EL Dijonsenf

200 g Cheddar oder Parmesan,
   gerieben

1–2 EL Kapern, abgespült und
   abgetropft

250 g Kirschtomaten, halbiert

frisch gemahlener schwarzer Pfeffer

3–4 gehäufte EL Semmelbrösel

1. Den Backofengrill auf hoher Stufe vorheizen.

2. In einem Topf 5 cm hoch Salzwasser einfüllen und aufkochen. Den Blumenkohl darin etwa 8 Minuten garen. Anschließend abgießen und den Blumenkohl zurück in den warmen Topf geben.

3. Den Frischkäse und den Senf mit dem Blumenkohl vermengen, dann zwei Drittel des Hartkäses, die Kapern und die Tomaten unterrühren. Gegebenenfalls mit etwas Salz und viel Pfeffer würzen.

4. Die Mischung in eine flache Auflaufform füllen. Die Semmelbrösel und das restliche Drittel des Hartkäses darüberstreuen.

5. Den Blumenkohl 10–15 Minuten unter dem Backofengrill überbacken, bis die Oberfläche goldbraun und das Innere heiß ist und blubbert. Sofort servieren – ein Brunnenkressesalat oder kurz gegarte grüne Bohnen schmecken sehr gut dazu.

Supergesunder Salat

Rohe Rote Bete ist ein großartiger Nährstofflieferant, sie stärkt das Immunsystem, reinigt die Leber und sorgt durch ihre Wirkung auf den Serotoningehalt sogar für gute Stimmung. Außerdem schmeckt sie auch noch gut – ich mag sie jedenfalls sehr. Auch die restlichen Zutaten im Salat sind für ihre gesundheitsfördernden Eigenschaften bekannt.

Für 4 Personen

100 g Quinoasamen

Salz

1 Rote Bete

2 EL Apfelessig

2 EL Olivenöl oder Leinsamenöl (siehe Tipp)

230 g gemischte Sojabohnen- sprossen (siehe Tipp)

150 g gemischte Samen und Früchte (Goji-Beeren, getrocknete Cranberrys und Heidelbeeren, Kürbiskerne und Pinienkerne)

1–3 TL Manuka oder anderer dickflüssiger Honig

Meersalz (oder rosa Himalaja-Salz, wenn Sie hier wirklich ganz hoch hinaus wollen!)

Brunnenkresse oder andere Salatblätter zum Servieren

1. Die Quinoasamen in einem Sieb unter fließendem kaltem Wasser waschen, um sämtliche Spuren von Saponinen zu entfernen. Diese natürlichen Bitterstoffe in der Schale der Samen werden zwar vor dem Verpacken in der Regel entfernt, aber sicher ist sicher. Dann mit 200 ml Salzwasser in einem Topf zum Kochen bringen und zugedeckt etwa 15 Minuten garen, bis die Quinoasamen das ganze Wasser aufgenommen haben und sich die äußere Haut geöffnet hat.

2. Inzwischen die Rote Bete bürsten, falls sie ein Bioprodukt gekauft haben, andernfalls schälen und in eine große Schüssel reiben. Die Quinoasamen (noch warm), den Apfelessig, das Oliven- oder Leinsamenöl, die Sprossen sowie die Samen- und Fruchtmischung dazugeben. Alles vorsichtig mischen und den Salat mit Honig und Meersalz abschmecken.

3. Ich serviere dieses Gericht am liebsten mit leuchtend grünen Blättern: Brunnenkresse ist perfekt dazu. Diesen Salat können Sie gut im Voraus zubereiten.

Tipps: Leinsamenöl ist ein hervorragender Omega-3-Fettsäuren-Lieferant für Vegetarier. Es sollte jedoch sehr frisch sein, um positiv auf die Gesundheit zu wirken. Daher am besten im Kühlschrank aufbewahren und innerhalb von 3–4 Wochen verbrauchen. Das Öl lässt sich gut einfrieren, deshalb können Sie immer nur wenig Öl abfüllen und den Rest im Gefrierschrank aufbewahren.
Bio-Sojabohnensprossen sind in Bioläden und den meisten großen Supermärkten erhältlich. Sie können sie aber auch gut zu Hause selbst ziehen, wenn Sie die Zeit dafür haben.

Die vegane Variante: Verwenden Sie Ahornsirup anstelle des dickflüssigen Honigs.

Warmer Butternusskürbis mit jungem Spinat und Pinienkernen

Dieses Gericht ist schnell zubereitet und schmeckt sehr lecker. Es wirkt zwar einfach, bietet aber trotzdem Hochgenuss mit seinem ausgewogenen Zusammenspiel von Aromen, Formen und Farben: die Würze des Spinats und des Dressings mit dem sämig-süßen, seidigen Butternusskürbis, die knackig roten Zwiebeln und die Pinienkerne. Es eignet sich gut als Beilage oder mit Reis oder Couscous als vollständige Mahlzeit.

Für 4 Personen
Vegan

1 mittelgroßer Butternusskürbis

4 EL Olivenöl

50 g Pinienkerne

4 EL Apfelessig

2 EL Rotweinessig

1 rote Zwiebel, fein gehackt

6 Handvoll junger Blattspinat (50–75 g)

Salz und frisch gemahlener schwarzer Pfeffer

1. Entweder den Backofen auf 200 °C (Umluft 180 °C) vorheizen oder einen großen Topf bereitstellen.

2. Den Butternusskürbis schälen: Das geht mit einem dieser T-förmigen Sparschäler mit beweglicher Klinge erstaunlich leicht. Die Kerne und Fasern im Inneren entfernen und den Butternusskürbis in 1 cm große Würfel schneiden.

3. Die Kürbiswürfel in eine Auflaufform oder in den bereitgestellten Topf geben und mit dem Olivenöl mischen. Den Kürbis im Backofen oder auf dem Herd langsam garen, bis man ihn mit einem Messer leicht einschneiden kann. Dabei in beiden Fällen häufig umrühren und auf keinen Fall anbrennen lassen.

4. Währenddessen die Pinienkerne in einer Pfanne ohne Fett bei kleiner Hitze einige Minuten unter ständigem Rühren rösten, bis sie zu duften beginnen und leicht bräunen. Sofort auf einen Teller schütten, damit sie nicht nachbräunen.

5. Den fertigen Butternusskürbis in eine große Schüssel füllen und vorsichtig den Apfelessig, den Weinessig, die rote Zwiebel und die rohen Spinatblätter unterheben. Mit Salz und Pfeffer abschmecken. Mit den Pinienkernen bestreuen und servieren, solange der Kürbis noch schön warm ist.

Gegrillte Auberginen mit Halloumi und Minze

Eine locker-leichte Sommermahlzeit, die beweist, wie zart und schmackhaft Auberginen sein können. Sie können sie im Backofen oder auf dem Holzkohlengrill zubereiten. Servieren Sie die Auberginen am besten mit einem grünen Salat und viel warmem Brot, damit man die Sauce gut auftunken kann.

Für 4 Personen

2 mittelgroße Auberginen, in etwa 6 mm dicke Scheiben geschnitten

450 g Halloumi-Käse, abgetropft und in Scheiben geschnitten (etwas dicker als die Auberginen)

2–3 EL Olivenöl

4 EL gehackte Minzeblätter

Für die Balsamessig-Marinade

1 EL Shoyu-Sojasauce

1 EL Ahornsirup

2 EL Balsamessig

3 EL Olivenöl

2 große Knoblauchzehen, zerdrückt

1 gute Prise Cayennepfeffer

frisch gemahlener schwarzer Pfeffer

1. Für die Marinade sämtliche Zutaten vermischen. Eventuell den Backofengrill vorheizen.

2. Die Auberginenscheiben in eine Auflaufform legen und die Marinade darübergießen, sodass die Scheiben rundum gut bedeckt sind. Werden die Auberginen im Backofen gegrillt, können sie in der flachen Form bleiben. Ansonsten aus der Form nehmen und auf einem feinmaschigen Rost auf den Grill legen.

3. Grillen Sie die Auberginen etwa 10 Minuten auf beiden Seiten, bis sie schön weich sind.

4. Inzwischen die Halloumi-Scheiben mit Olivenöl bestreichen und in einer Grillpfanne auf beiden Seiten etwa 3 Minuten grillen, bis sie braune Streifen haben. Oder in einer normalen Pfanne ohne Fett 1–2 Minuten braten, bis sie leicht gebräunt sind.

5. Die gegrillten Auberginenscheiben auf eine große Platte legen. Falls Marinade übrig ist, diese über die Auberginen gießen. Mit den Halloumischeiben belegen und mit der gehackten Minze bestreut servieren.

Avocadosalat
mit knusprigen Kartoffelwürfeln

Dies ist ein herrliches Gericht aus Salatblättern, knusprigen gerösteten Kartoffelwürfeln, sahnig-weicher Avocado und cremigem Dressing, bestreut mit erfrischendem Dill. Ein Gefühl, als würde man einen ziemlich üppigen Caesar Salad essen … Ich verwende am liebsten mehligkochende Kartoffeln, weil sie immer wunderbar knusprig werden.

Für 4 Personen

2 große mehligkochende Kartoffeln, abgebürstet und in 3 cm große Würfel geschnitten

8 EL Oliven- oder Rapsöl

50 g Hartweizengrieß

2 große Avocados

frisch gepresster Saft von 1 Zitrone

4 EL Mayonnaise aus dem Glas

einige gemischte bunte Salatblätter

Salz und frisch gemahlener schwarzer Pfeffer

2–4 EL grob gehackter Dill

1. Den Backofen auf 230 °C (Umluft 210 °C) vorheizen.

2. In einen Topf 1 cm hoch Wasser füllen und aufkochen. Die Kartoffeln darin 8 Minuten kochen, bis sie fast weich sind. Kurz davor das Öl in eine Auflaufform gießen und zum Erhitzen in den Backofen stellen.

3. Die Kartoffeln sorgfältig abgießen und rundum gründlich im Hartweizengrieß wenden.

4. Die Kartoffeln in die geölte Auflaufform setzen (jetzt nicht wenden) und im Backofen goldbraun und knusprig backen, dabei nach etwa 10 Minuten wenden.

5. Währenddessen die Avocados schälen, den Kern herauslösen und das Fruchtfleisch in 3 cm große Würfel schneiden. Mit 1 EL Zitronensaft vermengen und salzen.

6. Den restlichen Zitronensaft nach und nach unter die Mayonnaise rühren, bis der gewünschte Geschmack erreicht ist. Mit Salz und Pfeffer abschmecken.

7. Die Kartoffeln aus dem Backofen nehmen und auf Küchenpapier abtropfen lassen. Die Salatblätter, die Avocado und die Kartoffeln auf Tellern anrichten, mit dem Zitronen-Mayonnaise-Dressing beträufeln und mit Dill garnieren. Sofort servieren.

Die vegane Variante: Diesen Salat können Sie auch gut mit Mayonnaise ohne Ei zubereiten. Ich mag vegane Knoblauchmayonnaise aus Bioläden besonders gerne. Dazu passt aber auch die Tofumayonnaise von Seite 26.

Omelett mit Kräutern

Eine der schnellsten warmen Mahlzeiten überhaupt, die man auch noch endlos variieren kann. Auf der gegenüberliegenden Seite habe ich einige Vorschläge dazu aufgeführt.

Für 1 Person

2 Eier

2 EL gehackte Kräuter, z. B. Kerbel, Schnittlauch und Petersilie (nach Belieben)

Salz und frisch gemahlener schwarzer Pfeffer

15 g Butter

1. Die Eier in einer Schüssel leicht verquirlen, bis sie gerade eben verbunden sind. Kräuter nach Wahl hinzufügen und die Eimasse mit Salz und Pfeffer würzen.

2. Eine Pfanne (15 cm Durchmesser) bei mittlerer Hitze erwärmen. Die Butter in die heiße Pfanne geben, die Hitze erhöhen und die Pfanne schwenken, um die Butter zu schmelzen, ohne sie zu bräunen.

3. Die Eimasse in die Pfanne gießen und durch Schwenken darin gleichmäßig verteilen. Mit einer Gabel den festeren Rand zur Mitte ziehen und das noch flüssige Ei an den Rand laufen lassen. So oft wiederholen, bis das Omelett fast fest ist.

4. Die Pfanne über einen vorgewärmten Teller neigen, das Omelett zusammenklappen und auf den Teller gleiten lassen. Sofort servieren.

Omelett-Füllungen

Spargel

2–4 geschälte und geputzte weiße Spargelstangen kochen oder dämpfen, bis sie gerade weich sind, dann in 2,5 cm lange Stücke schneiden. Kurz bevor das Omelett fest wird, die Spargelstücke daraufgeben.

Käse

40 g Cheddar reiben und die Hälfte zu den verquirlten Eiern geben. Wenn das Omelett fast fertig ist, den restlichen Käse über die Mitte streuen.

frische Tomaten und Kräuter

1 große frische Tomate, enthäutet und gehackt, in einer kleinen Pfanne in wenig Butter erwärmen und würzen. Wenn das Omelett fast fertig ist, die Tomatenstückchen über die Mitte geben. Sie können auch noch einige klein geschnittene Frühlingszwiebeln, etwas frisches Basilikum oder andere Kräuter dazugeben. Das Omelett aus der Pfanne nehmen und mit fein geriebenem Parmesan bestreuen.

Paprikastücke

Jeweils eine Hälfte einer roten oder gelben Paprikaschote, oder eine Kombination aus beidem, grillen, bis die Haut verkohlt ist, enthäuten und in feine Streifen schneiden. Über das Omelett geben, kurz bevor es fest wird.

Pilze

50 g Pilze nach Wahl putzen und in Streifen schneiden. In einer Pfanne mit wenig Butter kurz anbraten, mit Salz und Pfeffer würzen und über das Omelett geben, kurz bevor es fest wird.

Erbsen und Minze

50 g frische oder tiefgefrorene Erbsen in wenig kochendem Wasser 2 Minuten garen. Abgießen und ein Stück Butter sowie 2 TL gehackte frische Minze dazugeben. Über das Omelett geben, kurz bevor es fest wird.

Brunnenkresse

Das fertige Omelett vor dem Zusammenklappen mit 1 Handvoll frischer Brunnenkresse füllen, so haben Sie gleich noch einen Salat zum Omelett.

Nusspastete mit Dattel-Minz-Chutney

Dies ist eine der leckersten Nusspasteten, die ich kenne. Sie schmeckt immer, egal ob heiß oder kalt serviert, mit Gemüse wie grünen Bohnen oder einem Salat. Das Chutney passt sehr gut dazu, aber wenn die Zeit nicht reicht, schmeckt die Pastete auch ohne.

Für 2 Personen

150 g fettarmer Frischkäse mit Knoblauch und Kräutern

150 g Cashewkerne, geröstet

1 Spritzer Tabasco- oder Chilisauce (nach Belieben)

Salz und frisch gemahlener schwarzer Pfeffer

50 g Semmelbrösel (nach Belieben)

Für das Chutney

125 g Datteln

1 kleine Zwiebel, gehackt

1 EL Weinessig

2 EL gehackte Minze

1 Prise Cayennepfeffer

1. Zuerst das Chutney zubereiten, damit sich seine Aromen gut entfalten können: Die Datteln entkernen, hacken und mit der Zwiebel, dem Essig und 3 EL Wasser in einen Topf geben. Zugedeckt etwa 5 Minuten köcheln lassen, bis Datteln und Zwiebeln weich sind und die Mischung nicht mehr flüssig ist.

2. Vom Herd nehmen und die gehackte Minze und den Cayennepfeffer hinzufügen, mit etwas Salz und Pfeffer abschmecken. Das Chutney in eine Schüssel füllen und beiseitestellen.

3. Dann die Pastete zubereiten: Den Frischkäse in eine Schüssel geben und weich und cremig rühren. Die Cashewkerne in einer Küchenmaschine oder mit einer Handmühle mahlen. Dann mit dem Käse zu einer weichen Masse verrühren, die noch ihre Form behält. Nach Belieben Tabascosauce hinzufügen und mit Salz und Pfeffer würzen. Eventuell den Backofengrill vorheizen.

4. Die Pastete in eine längliche Form bringen und nach Belieben rundum mit Semmelbröseln überziehen.

5. Die fertige Pastete einfach so servieren (sie kann auch bis zur Verwendung gekühlt werden, dann wird sie etwas fester), oder unter dem Backofengrill von allen Seiten je etwa 3 Minuten backen, bis sie knusprig braun und gut heiß ist. In 6 Scheiben schneiden und mit dem Dattel-Minz-Chutney servieren.

Die vegane Variante: Für eine leckere, vegane Variante verwenden Sie anstelle des milchhaltigen Frischkäses veganen Frischkäse mit Knoblauch und Kräutern. Sie können ihn in Bioläden und Supermärkten kaufen.

Kunterbunte Bruschette und Crostini

Bruschette und Crostini sind im Wesentlichen das Gleiche – knusprige Brot- oder Baguettescheiben mit leckerem Belag und ein wenig Garnitur. Bruschette sind meist nur größer und rustikaler, während Crostini eher feine »Häppchen« sind. Wählen Sie Belag und Garnitur ganz nach Ihrem Geschmack. Ich bestreiche sie meistens zuerst mit etwas, damit der Belag haftet, belege sie dann mit feinen Zutaten und garniere sie zum Schluss mit ganzen oder gehackten Kräutern. Die Auswahl ist groß!

Für 6 Personen

Für die Unterlage

1 Baguette

Olivenöl

cremiger Ziegenkäse (nach Belieben)

Für den Hummus

1 Dose Kichererbsen (400 g), abgetropft, Flüssigkeit aufbewahrt

1 Knoblauchzehe, zerdrückt

2 EL frisch gepresster Zitronensaft

1–2 EL Tahini (Sesampaste)

Salz und frisch gemahlener schwarzer Pfeffer

einige Tropfen Ume Su (Umeboshi Würzsauce), falls erhältlich (siehe Seite 84)

1. Den Backofen auf 150 °C (Umluft 130 °C) vorheizen.

2. Für die Bruschette ein breites oder für die Crostini ein schmales Baguette in etwa 8 mm dicke Scheiben schneiden. Die Scheiben auf beiden Seiten mit etwas Olivenöl bestreichen und auf ein Backblech legen, im Backofen in etwa 20 Minuten knusprig backen. Aus dem Backofen nehmen und zum Abkühlen auf ein Gitter setzen.

3. In der Zwischenzeit den Hummus zubereiten: Die Zutaten mit einem Stabmixer oder in einem Küchenmixer sehr glatt und cremig pürieren. Gegebenenfalls eine kleine Menge der aufbewahrten Flüssigkeit aus der Dose zugießen, falls die Mischung zu fest ist. Nach Belieben mit Ume Su und mit Salz abschmecken.

4. Die Crostini und die Bruschette mit Hummus oder Ziegenkäse bestreichen und mit den farbenfrohen, schmackhaften Zutaten belegen.

Einige Vorschläge für Belag und Garnitur
Hummus oder Ziegenkäse mit eingelegten gegrillten Artischocken und geriebenem Parmesan.

Hummus oder Ziegenkäse mit gerösteten roten und gelben Paprikaschoten aus dem Feinkostladen.

Hummus oder Ziegenkäse mit schwarzen Oliven und gehacktem Koriandergrün.

Ziegenkäse mit Granatapfelkernen und gehacktem Koriander.

Ziegenkäse mit einer Mischung aus gegarten Rote-Bete-Würfeln, dickflüssigem Joghurt und gehackten Frühlingszwiebeln.

Tandoori-Kartoffelspieße mit Minz-Raita

Es mag erstaunlich klingen, aber Kartoffeln eignen sich von allen Gemüsesorten am besten für Spieße. Sie schmecken besonders gut, wenn sie vor dem Braten mit einer würzigen Paste überzogen werden. Mit Minz-Raita und warmem Naan-Brot servieren. Sie benötigen für dieses Rezept 4 Spieße.

Für 4 Personen

24 kleine, neue Kartoffeln, gebürstet

Für die Tandoori-Paste

2 Knoblauchzehen, zerdrückt

2 TL gemahlener Kreuzkümmel

2 EL Olivenöl

frisch gepresster Saft von ½ Zitrone

Salz und frisch gemahlener
    schwarzer Pfeffer

Für das Minz-Raita

300 g Naturjoghurt

4 EL gehackte Minze

Salz

1. Die Kartoffeln mit Wasser bedeckt kochen, bis man sie gerade mit einer Messerspitze einstechen kann. Das dauert je nach Größe 5–10 Minuten. Abgießen und unter fließendem kaltem Wasser abschrecken.

2. Währenddessen für die Tandoori-Paste alle Zutaten verrühren. Den Backofengrill vorheizen.

3. Die Kartoffeln auf vier Spieße ziehen und rundum mit der Paste einstreichen.

4. Die Spieße unter dem Backofengrill 15–20 Minuten backen, bis sie knusprig und gebräunt sind, dabei ab und zu wenden.

5. Für das Minz-Raita den Joghurt mit der gehackten Minze und etwas Salz verrühren. In eine kleine Servierschüssel oder einen Krug füllen und zu den Kartoffelspießen servieren.

Die vegane Variante: Sojajoghurt anstelle von Kuhmilchjoghurt verwenden.

Zwiebel-Bhajees

Diese frittierten Zwiebelnester geben eine leckere Vorspeise ab, bilden aber mit Reis, Chutney und vielleicht einem Raita (siehe gegenüberliegende Seite) genauso gut auch eine sättigende Mahlzeit.

Für 2–4 Personen

Vegan

125 g Kichererbsenmehl

2 TL gemahlener Koriander

1 TL gemahlener Kreuzkümmel

1 Prise Cayennepfeffer

1 TL Salz

Rapsöl zum Frittieren

1 Zwiebel, fein gehackt

1 EL gehacktes Koriandergrün
  (nach Belieben)

1. Den Backofen auf 150 °C (Umluft 130 °C) vorheizen. Das Kichererbsenmehl mit dem Koriander, dem Kreuzkümmel und dem Cayennepfeffer in eine Schüssel sieben. Salz dazugeben, 150 ml lauwarmes Wasser zugießen und alles zu einem Teig verrühren.

2. Etwas Öl in einer Fritteuse oder einem großen Topf erhitzen. Die gehackte Zwiebel und gegebenenfalls das Koriandergrün unter den Teig heben. Dann in das heiße Öl portionsweise jeweils 1 TL Zwiebel-Teig-Mischung geben und etwa 5 Minuten frittieren, bis der Teig schön knusprig und die Zwiebeln weich sind. Dabei wenden, damit sie gleichmäßig bräunen.

3. Die Bhajees auf Küchenpapier abtropfen lassen und sofort servieren, solange sie noch schön heiß und knusprig sind.

Vietnamesische Sommerrollen mit Balsamessig-Reduktion

Das Reispapier für diese appetitlichen und unkomplizierten Sommerrollen ist in Asialäden oder großen Supermärkten erhältlich. Die runden Blätter werden mit einem Durchmesser von 28 cm, 22 cm und 16 cm angeboten. Die Füllung in diesem Rezept ist ausreichend für eine Packung mit 22 cm Durchmesser oder zwei Packungen mit 16 cm Durchmesser. Ich ziehe die größeren vor, weil es dann schneller geht und weniger kniffelig ist, die kleineren eignen sich jedoch perfekt für eine Party.

Für etwa 10–12 große oder 18–20 kleine Sommerrollen
Vegan

200 g Möhren, geschält und gerieben

200 g Sojabohnensprossen

1 EL gehackte Minze

1 EL gehackte glatte Petersilie

2 EL Mirin (süßer japanischer Reiswein)

2 EL Olivenöl

2 EL Reis- oder Apfelessig

Salz

6 kleine Frühlingszwiebeln, in feine Streifen geschnitten

1 kleine rote Paprikaschote, Stielansatz, Samen und Scheidewände entfernt, in feine Streifen geschnitten

1 mittelgroße Avocado, geschält, Kern entfernt und in feine Streifen geschnitten

2 Packungen kleine Reispapierblätter (à 50 g) oder 1 Packung große Reispapierblätter (à 134 g)

Für die Balsamessig-Reduktion

8 EL Balsamessig – angemessene Qualität, keine teure Sorte

2 EL Ahornsirup

1. Für die Reduktion den Balsamessig in einen Topf gießen und auf die Hälfte einköcheln lassen. Dann vom Herd nehmen und den Ahornsirup einrühren. Abkühlen lassen.

2. Für die Füllung der Sommerrollen die Möhren, die Sojabohnensprossen, die Minze, die Petersilie, den Mirin, das Olivenöl und den Reis- oder Apfelessig mischen und alles salzen. Die vorbereiteten Frühlingszwiebeln, Paprikaschote und Avocado bereitlegen.

3. Ein sauberes, feuchtes Geschirrtuch auf die Arbeitsfläche legen. Die Reispapierblätter etwa 20 Sekunden in einer Schüssel mit heißem Wasser einweichen, bis sie elastisch sind. Aus dem Wasser nehmen und auf dem Geschirrtuch auslegen.

4. Etwa 2 TL Möhrenmischung auf das untere Drittel des Reispapiers geben und einige Frühlingszwiebeln sowie je ein Stück Paprika und Avocado darüberlegen. Die beiden Seiten des Reispapiers nach innen falten, dann den unteren Rand über die Füllung falten. Darauf achten, dass die Füllung nicht herausfällt und das Päckchen bis zum oberen Rand weiter aufrollen. Mit der Nahtseite nach unten auf einen Teller legen.

5. Mit den restlichen Reispapierblättern ebenso verfahren. Die fertigen Rollen bis zum Servieren mit dem feuchten Geschirrtuch abdecken. Mit der Balsamessig-Reduktion in einer kleinen Schüssel servieren.

Tipp: Sie können die Sommerrollen auch mit einer roten Chili-Sauce oder Hoisin-Sauce aus dem Supermarkt servieren.

Tempura-Gemüse

Fast jeder mag dieses knusprige, im Teigmantel frittierte Gemüse direkt aus der Pfanne. Ein leckerer Snack für einen besonderen Anlass, aber ich finde Tempura, so merkwürdig das auch klingen mag, auch für eine Party toll (siehe Tipp).

Für 4 Personen

Vegan

Rapsöl zum Frittieren

jeweils 100 g von 5 der folgenden Gemüsesorten: Brokkoliröschen (ergeben besonders schmackhafte Tempura), rote Zwiebelspalten, rote Paprikastücke, 6 mm dicke Scheiben einer länglichen Süßkartoffel, Zucchinistücke, Spargelstangen, Mini-Zuckermais

Für den Teig

100 g Mehl

200 g Speisestärke

½ TL Salz

3 TL Backpulver

etwa 400 ml Mineralwasser mit Kohlensäure

1. Zwei Woks, Pfannen oder große, schwere Töpfe jeweils zur Hälfte mit Rapsöl füllen und erhitzen. Wenn sich um einen Brotwürfel ringsum Bläschen bilden, ist das Öl heiß genug.

2. Währenddessen den Teig zubereiten. Das Mehl, die Speisestärke, das Salz und das Backpulver in eine Schüssel sieben, das Mineralwasser zugießen und schnell mit einer Gabel oder einem Essstäbchen vermischen: Er muss ein wenig klumpig bleiben, kleine Mehlreste spielen keine Rolle. Die Konsistenz sollte so beschaffen sein, das der Teig das Gemüse leicht überzieht. Testen und etwas mehr Wasser oder Speisestärke hinzufügen, falls erforderlich.

3. Eine Auswahl von etwa 5 Gemüsesorten portionsweise in den Teig tauchen und in etwa 2 Minuten im heißen Öl goldgelb und knusprig frittieren. Mit einem Schaumlöffel herausnehmen, auf Küchenpapier abtropfen lassen und sofort servieren. Oder im Backofen warm halten, während Sie den Rest zubereiten, denn dieser Teig bleibt ziemlich knusprig.

4. Sofort weiteres Gemüse mit Teig überziehen und frittieren. So fortfahren, bis der Teig oder das Gemüse aufgebraucht sind.

5. Zu dem Tempura-Gemüse passt auch ein Dip. Sie können zwischen dem Sauerrahm-Schnittlauch-Dip (siehe Seite 67), der Kapernsauce (siehe Seite 33), der Tofumayonnaise (siehe Seite 26) oder einem der drei Dips (siehe Seite 29) wählen. Süße Chilisauce schmeckt zu Tempura ebenfalls ausgezeichnet.

Tipp: Tempura für viele Gäste zu frittieren, geht erstaunlich leicht. Das Geheimnis liegt darin, alles fertig und parat zur Hand zu haben sowie einen freundlichen Helfer zum Servieren an seiner Seite zu wissen, wenn die Tempura aus der Pfanne kommen.

Knusprige Rösti-Chips
mit Sauerrahm-Schnittlauch-Dip

Diese knusprigen, goldgelb gebackenen Mini-Rösti sind schnell fertig und schmecken einfach unwiderstehlich! Sie sehen aus wie große, geriffelte Chips, daher der Name, und schmecken pur oder mit einem cremigen Dip wie hier oder sogar mit Tomatenketchup. Wenn Sie aus diesen Chips gerne eine leichte Mahlzeit zaubern würden, servieren Sie am besten einen Salat aus Rote-Bete-Würfeln, angemacht mit Apfel- oder Reisessig, und etwas Brunnenkresse dazu.

Für 2–4 Personen

500 g mehligkochende Kartoffeln, gebürstet

Rapsöl zum Frittieren

Salz

Für den Sauerrahm-Dip

1 EL Schnittlauchröllchen

150 g saure Sahne

Salz und frisch gemahlener schwarzer Pfeffer

1. Die Kartoffeln grob reiben, mit einer Kastenreibe geht das ziemlich schnell. Die geriebenen Kartoffeln in ein sauberes Geschirrtuch wickeln und so viel Wasser wie möglich herausdrücken.

2. Den Boden einer Pfanne mit etwas Rapsöl bedecken und erhitzen. 1 kleine Handvoll geriebene Kartoffeln in das Öl geben und mit einem Pfannenwender zu einem flachen Rösti (etwa 7,5 cm Durchmesser) drücken. In etwa 2 Minuten knusprig und goldgelb braten, dann wenden und die andere Seite in 1–2 Minuten ebenfalls knusprig und goldgelb braten. Die Rösti auf Küchenpapier abtropfen lassen.

3. So fortfahren, bis die Kartoffeln aufgebraucht und etwa 16 Röstichips fertig sind.

4. Währenddessen für den Dip die Schnittlauchröllchen in die saure Sahne rühren und würzen. Zu den Rösti reichen, die auch mit Salz bestreut sehr gut schmecken.

Die vegane Variante: Vegane saure Sahne anstelle des Kuhmilchprodukts für den Dip verwenden.

Spanakopita mit Zaziki

Diese knusprig, goldbraun gebackenen, mit Spinat und Fetakäse gefüllten Teigtaschen sind im Handumdrehen fertig und sorgen für Nostalgie bei allen Griechenlandfans. Bei diesem Rezept werden aus 1 Paket Filoteig etwa 30 Teigtaschen zubereitet, also genug für eine Party. Wenn es weniger sein sollen, die Zutaten einfach halbieren, der Teig hält sich in Klarsichtfolie im Gefrierschrank.

Für 30 Spanakopita

500 g tiefgefrorener, gehackter
    Spinat, aufgetaut

4 Frühlingszwiebeln, fein gehackt

200 g Fetakäse, zerkrümelt

Salz und frisch gemahlener
    schwarzer Pfeffer

1 Paket Filoteig

5–6 EL Olivenöl zum Bestreichen

Für das Zaziki

½ Gurke, gerieben, mit Salz bestreut
    und in einem Sieb abgetropft

300 g fester griechischer Joghurt,
    abgetropft

1 Knoblauchzehe, zerdrückt

Salz

1–2 EL gehackte Minze

1–2 EL natives Olivenöl extra
    zum Servieren

frische Minze, gehackt,
    zum Servieren (nach Belieben)

1. Den Backofen auf 200 °C (Umluft 180 °C) vorheizen.

2. Den aufgetauten Spinat in einem Sieb gut ausdrücken. In eine Schüssel geben, die Frühlingszwiebeln und den zerkrümelten Feta hinzufügen und die Füllung mit Salz und Pfeffer abschmecken.

3. Die Filoteigplatten in etwa 8×28 cm große Streifen schneiden. Bei dem Filoteig, den ich verwende, ergibt das 6 Streifen pro Platte, aber die Maße müssen nicht genau dieselben sein. Die Streifen während der Zubereitung in ein sauberes, feuchtes Geschirrtuch wickeln, damit sie elastisch bleiben.

4. Jeweils einen Teigstreifen auf die Arbeitsfläche legen, die kurzen Enden zeigen dabei nach oben und unten. Die Oberfläche mit Olivenöl bestreichen, 1 gehäuften TL Füllung oben auf den Teigstreifen geben. Eine obere Ecke diagonal zu einem Dreieck über die Füllung legen. Dann dieses Dreieck wieder auf den Teig zurückfalten und so fort, bis am Ende ein pralles dreieckiges Päckchen entstanden ist. Das Teigpäckchen auf ein Backblech legen und gegebenenfalls noch mit etwas Olivenöl bestreichen.

5. Auf diese Weise den gesamten Filoteig und die Füllung verarbeiten, bis etwa 30 Spanakopita auf dem Backblech sind. Im Backofen in etwa 15 Minuten goldbraun und knusprig backen.

6. Für das Zaziki die Gurken mit Küchenpapier trocken tupfen, dann mit Joghurt, Knoblauch und Minze mischen und salzen. In eine kleine Schüssel füllen, das Olivenöl darüberträufeln und mit Minze garnieren.

7. Die Spanakopita frisch aus dem Backofen mit einer Schüssel Zaziki zum Dippen servieren.

Gerichte
für jeden Tag

Kartoffel-Lauch-Gratin

Ein herrliches Gericht für kalte Wintertage. Schmeckt toll einfach so, aber auch mit einer winterlichen Gemüsebeilage wie Grünkohl oder Rosenkohl.

Für 6 Personen

1,5 kg vorwiegend festkochende Kartoffeln, geschält und in 8 mm dicke Scheiben geschnitten

400 g Lauch, geputzt und in 1 cm dicke Scheiben geschnitten

Salz und frisch gemahlener schwarzer Pfeffer

Olivenöl für die Form

2 EL gehackte glatte Petersilie

200 g Parmesan, frisch gerieben

8 EL Sahne oder Sojasahne

1. Die Kartoffeln in kochendem Wasser etwa 10 Minuten gerade eben weich kochen und abgießen.

2. Den Lauch in einem zweiten Topf etwa 7 Minuten garen und abgießen.

3. Kartoffeln und Lauch mit Salz und Pfeffer würzen. Den Backofengrill vorheizen.

4. Eine etwa 23 cm große Auflaufform mit Olivenöl einstreichen. Zuerst aus der Hälfte der Kartoffelscheiben eine Schicht auf den Boden der Form legen und darauf den Lauch verteilen. Mit der Petersilie und der Hälfte des Parmesans bestreuen und die Sahne darübergießen. Salzen und pfeffern, die übrigen Kartoffelscheiben darauflegen und mit dem übrigen geriebenen Parmesan bestreuen.

5. Den Auflauf unter dem Backofengrill 7–10 Minuten goldbraun überbacken, bis er an den Rändern blubbert.

Gebackenes Wintergemüse mit würzigen Linsen und Feta

Bei diesem wirklich einfachen und leckeren Wintergericht können Sie die Gemüsesorten ganz nach Belieben austauschen und statt Linsen auch ebenso gut Bohnen oder Kichererbsen verwenden.

Für 4 Personen

1 Stange Lauch, geputzt und in 2 cm große Stücke geschnitten

1 rote Zwiebel, in 6 Schnitze geschnitten

1 Pastinake, geschält und in 1 cm große Würfel geschnitten

1 große Möhre, geschält und in 1 cm dicke Scheiben geschnitten

¼ kleiner Butternusskürbis, geschält und in 1 cm große Stücke geschnitten

1 Rote Bete, geschält und in 1 cm große Würfel geschnitten

1 große Selleriestange, in 2 cm lange Stücke geschnitten

1 Blumenkohl, geputzt und in Röschen zerteilt

2 EL Olivenöl

glatte Petersilie, gehackt, und frische Thymianblätter zum Servieren

200 g Feta-Käse, zerkrümelt, zum Servieren

Für die Linsen

1 TL gemahlener Kreuzkümmel

1 TL gemahlener Koriander

1 Dose grüne Tellerlinsen (400 g), abgetropft

1. Den Backofen auf 220 °C (Umluft 200 °C) vorheizen.

2. Alle Gemüsesorten nebeneinander in eine Auflaufform legen und mit Öl beträufeln. Das Gemüse vorsichtig wenden, damit sich das Öl überall gut verteilt. 20–25 Minuten im Backofen garen, bis das Gemüse weich ist, dabei nach etwa 15 Minuten wenden.

3. Kurz vor Ende der Garzeit die Linsen vorbereiten: Dazu Kreuzkümmel und Koriander in einen Topf geben und bei mittlerer Hitze unter Rühren kurz erwärmen, bis es würzig duftet. Dann sofort die grünen Linsen unterrühren und erhitzen.

4. Das Gemüse auf einer großen vorgewärmten Servierplatte mit Petersilie und Thymian anrichten und mit den Linsen und dem Käse servieren, entweder in separaten Schüsseln oder locker unter das Gemüse gemischt.

Lasagne mit Dicken Bohnen

Ein einfaches Lasagnerezept mit wenigen Zutaten, das genauso gut schmeckt, wie es aussieht. Sie können Lasagne aus frischem Eiernudelteig verwenden, ich bevorzuge vorgegarte Lasagneblätter. Besonders appetitlich sieht die Lasagne in Einzelportionen auf einem Backblech aus, aber in einer großen Auflaufform schmeckt sie natürlich ebenso gut. Ein knackiger Sommersalat mit frischer Minze rundet Geschmack und Aussehen wunderbar ab.

Für 4 Personen

Salz

1 Päckchen tiefgefrorene Dicke Bohnen (etwa 750 g), aufgetaut

6 vorgegarte Lasagneplatten

250 g Ziegenfrischkäse

frisch gemahlener schwarzer Pfeffer

120 g Sahne

60 g Parmesan, frisch gerieben

1. Reichlich Salzwasser zum Kochen bringen und die Dicken Bohnen darin etwa 2 Minuten blanchieren.

2. Die Bohnen über einer Schüssel in ein Sieb abgießen. Das aufgefangene Kochwasser zurück in den Topf gießen, wieder aufkochen und die Lasagneplatten darin etwa 8–10 Minuten garen.

3. Die Bohnen unter fließendem kaltem Wasser abschrecken und die ledrigen Hülsen entfernen.

4. Den Ziegenfrischkäse cremig rühren, gegebenenfalls etwa 4 EL kaltes Wasser hinzufügen. Die Dicken Bohnen dazugeben, alles gut verrühren und kräftig mit Salz und Pfeffer würzen.

5. Die Lasagneblätter abgießen und bis zur Verwendung in kaltes Wasser legen. Den Backofen auf 220 °C (Umluft 200 °C) vorheizen.

6. Die Teigplatten halbieren, sodass sie etwa quadratisch sind. Ein Backblech oder eine Auflaufform mit Backpapier auslegen, um ein Anbrennen der Lasagneblätter zu verhindern. 4 Nudelquadrate darauf verteilen.

7. Auf jedes Quadrat einige Löffel Bohnen-Käse-Mischung geben, eine zweite Lage Nudelquadrate darüberlegen, dann wieder Bohnen und mit einer letzten Lage Nudelquadrate abschließen. Über jede Lage 2 EL Sahne gießen und etwas geriebenen Parmesan streuen.

8. Die Lasagne im Backofen etwa 5 Minuten überbacken, bis sie richtig warm ist und eine goldbraune Kruste hat.

Die vegane Variante: Verwenden Sie Lasagneplatten ohne Ei, veganen Frischkäse, Sojasahne und zum Bestreuen veganen Parmesan oder Knoblauchbrösel.

Vollkorn-Penne mit Brokkoli und Pesto

Schnell, einfach, köstlich und gesund. Ein Gericht, das einfach bei jedem gut ankommt.

Für 4 Personen

Salz

400 g Vollkorn-Penne

400 g Brokkoli

4 EL Pesto (siehe Seite 8)

frisch gemahlener schwarzer Pfeffer

einige Basilikumblätter, klein gezupft,
    zum Servieren (nach Belieben)

1. In einem großen Topf reichlich Salzwasser zum Kochen bringen und die Nudeln darin ohne Deckel nach Packungsanweisung bissfest garen.

2. Inzwischen den Brokkoli in Röschen zerteilen und eventuell in mundgerechte Stücke zerkleinern. Kurz vor Ende der Garzeit der Nudeln in einen Topf etwa 1 cm hoch Wasser füllen und aufkochen. Den Brokkoli darin 4–5 Minuten gerade eben weich garen. Abgießen.

3. Die Nudeln in ein Sieb abgießen und mit den Brokkoliröschen zurück in den noch warmen Topf geben. Etwa 4 EL Pesto unterrühren, nach Belieben auch mehr, und vorsichtig, aber gründlich vermischen.

4. Die Brokkoli-Penne mit Salz und Pfeffer abschmecken, auf vorgewärmten Tellern anrichten und nach Belieben mit Basilikum garnieren.

Die vegane Variante: Veganes Pesto ist in den meisten gut sortierten Bioläden oder im Internet erhältlich.

Schnelle mediterrane Pasta

Ein wunderbar einfaches und schnell zubereitetes Abendessen, insbesondere wenn es dazu ein Glas Rotwein und Knoblauchbaguette oder einen grünen Salat gibt.

Für 4 Personen

Salz

350 g Penne rigate oder Rigatoni

2 EL Olivenöl

1 Zwiebel, gehackt

2 rote Paprikaschoten, Stielansatz, Samen und Scheidewände entfernt, in kleine Stücke geschnitten

1 Aubergine, in 1 cm große Würfel geschnitten

2 Knoblauchzehen, zerdrückt

1 Dose geschälte Tomaten (400 g)

1 Handvoll schwarze Oliven – ich mag besonders Kalamata-Oliven, Oliven aus dem Glas eignen sich gut

frisch gemahlener schwarzer Pfeffer

einige Stängel Basilikum zum Servieren

Parmesan, fein gehobelt, zum Servieren (nach Belieben)

1. In einem großen Topf reichlich Salzwasser zum Kochen bringen und die Nudeln darin ohne Deckel nach Packungsanweisung bissfest garen.

2. Inzwischen 1 EL Öl in einem Topf erhitzen und Zwiebel, rote Paprikaschote und Aubergine hineingeben. Zugedeckt 10 Minuten leise köcheln, bis das Gemüse weich, aber nicht gebräunt ist.

3. Den Knoblauch einrühren und einige Sekunden mitdünsten. Dann die Tomaten mit Saft dazugeben und mit einem Holzlöffel leicht zerdrücken. Bei kleiner Hitze 10–15 Minuten köcheln, bis die ganze Flüssigkeit verkocht ist. Die Oliven in die Sauce rühren und alles mit Salz und Pfeffer abschmecken.

4. Die Nudeln abgießen und mit dem restlichen Olivenöl zurück in den warmen Topf geben. Die Sauce und die Basilikumblätter hinzufügen und alles gut vermengen. Man kann auch die Nudeln auf die Teller verteilen und die Sauce darübergeben. Das ist dann zwar nicht »echt italienisch«, aber einige mögen es lieber so. Den Käse nach Belieben dazu reichen.

Spaghetti alla puttanesca

Mit ein paar Zutaten aus der Vorratskammer haben Sie im Handumdrehen dieses reizvolle, weil geschmacksintensive Gericht gezaubert.

Für 4 Personen

Vegan

Salz

350 g Spaghetti

2 EL Olivenöl

1 rote Zwiebel, fein gehackt

4 Knoblauchzehen, in feine Scheiben geschnitten

1 Dose Kirschtomaten (400 g)

4 EL schwarze Oliven, z. B. der Sorte Niçoise oder Kalamata.

4 EL kleine gesalzene (oder in Essig eingelegte) Kapern, abgespült und abgetropft

1 EL Oregano

frisch gemahlener schwarzer Pfeffer

Chiliflocken (nach Belieben)

2 EL glatte Petersilie zum Servieren

1. In einem großen Topf reichlich Salzwasser zum Kochen bringen und die Spaghetti darin ohne Deckel nach Packungsanweisung bissfest garen.

2. Inzwischen 1 EL Olivenöl in einem zweiten Topf erhitzen und die Zwiebel darin 5 Minuten anschwitzen. Dann den Knoblauch, die Kirschtomaten mit dem Saft, die Oliven, die Kapern und den Oregano dazugeben. Alles bei mittlerer Hitze unter Rühren 5 Minuten köcheln lassen. Nach Belieben mit Salz, Pfeffer und Chiliflocken würzen.

3. Die Nudeln abgießen, zurück in den warmen Topf geben und mit 1 EL Olivenöl mischen.

4. Die Sauce zu den Nudeln geben und alles sorgfältig miteinander verrühren. Abschmecken und eventuell nachsalzen oder noch etwas schwarzen Pfeffer darübermahlen. Auf vorgewärmten Tellern anrichten und mit etwas Petersilie garnieren.

Spaghetti mit Linsenbolognese

Dieses Rezept hat meine Tochter und ihre Freunde durch das Medizinstudium begleitet und ist noch heute eines meiner Lieblingsgerichte. Eigentlich nehme ich hierfür getrocknete Linsen, am liebsten Puy-Linsen. Aber obwohl sie rasch weich werden, passen sie nicht in die 30-Minuten-Kategorie. Deshalb sind hier grüne Tellerlinsen ein guter Ersatz.

Für 4 Personen

3 EL Olivenöl

2 Zwiebeln, fein gehackt

2 Möhren, geschält und fein gehackt

2 Selleriestangen, fein gehackt

4–5 Knoblauchzehen, zerdrückt

1 EL Oregano

2 Dosen grüne Tellerlinsen
(à 400 g), abgetropft,
Flüssigkeit aufbewahrt

1 Dose stückige Tomaten (400 g)

2 EL Tomatenmark

Salz und frisch gemahlener
schwarzer Pfeffer

350 g Spaghetti

Parmesan, gerieben, zum Servieren
(nach Belieben)

1. 2 EL Olivenöl in einem großen Topf erhitzen, die Zwiebeln hineingeben und darin etwa 5 Minuten leicht bräunen. Dann die Möhren, den Sellerie, den Knoblauch und den Oregano hinzufügen und die Sauce zugedeckt unter gelegentlichem Rühren etwa 15 Minuten leise köcheln lassen.

2. Die Linsen mit den Tomatenstücken und dem Tomatenmark zur Zwiebelmischung geben. Von der aufbewahrten Flüssigkeit der Linsen so viel dazugeben, dass die Mischung schön sämig wird. Mit Salz und schwarzem Pfeffer würzen und bei kleiner Hitze köcheln lassen.

3. Inzwischen in einem zweiten großen Topf die Nudeln in reichlich sprudelndem Salzwasser ohne Deckel nach Packungsanweisung garen. Die Nudeln abgießen, zurück in den warmen Topf geben und das restliche Olivenöl unterrühren.

4. Die Bolognesesauce zu den Spaghetti geben, sorgfältig untermischen und die Pasta servieren. Oder erst bei Tisch die Sauce auf die einzelnen Teller mit Spaghetti geben. Nach Belieben geriebenen Käse dazu reichen.

Käsemakkaroni

Ich kenne kein Kind, das bei diesem Nudelauflauf die Nase rümpfen würde – zumindest solange ich ihn auf diese einfache und klassische Art mache. Für eher anspruchsvolle Gaumen lässt sich das Rezept wunderbar variieren: Nehmen Sie Kirschtomaten, Champignons, gehackte Zwiebeln oder geben Sie mehr Senf oder zusätzlich Kapern dazu. Falls etwas übrig bleibt, lassen sich daraus schöne Kroketten machen: Einfach in Semmelbröseln wenden und in wenig Fett braten (siehe Seite 33 mein Tipp für knusprige Panade).

Für 4 Personen

Salz

175 g Makkaroni
 (kurze Röhrennudeln)

50 g Butter, in Stücken

50 g Mehl

500 ml Milch (siehe Tipp)

1 TL Dijonsenf

100 g Parmesan oder ähnlicher Käse,
 fein gerieben

frisch gemahlener schwarzer Pfeffer

Zum Überbacken

2 Handvoll weiches Brot, entrindet
 und gut zerbröselt

2–3 EL Parmesan, frisch gerieben

1. In einem großen Topf reichlich Salzwasser zum Kochen bringen und die Makkaroni darin ohne Deckel nach Packungsanweisung bissfest garen.

2. In der Zwischenzeit für die Käsesauce Butter, Mehl, Milch und Senf in einem Topf unter Rühren zum Kochen bringen und weiterrühren, bis die Sauce schön sämig ist.

3. Die Sauce einige Minuten leise köcheln lassen, damit sie nicht nach Mehl schmeckt. Vom Herd nehmen und den Käse unterziehen.

4. Den Backofengrill vorheizen. Die abgegossenen Makkaroni zur Käsesauce geben und alles mit Salz und Pfeffer würzen.

5. Die Käse-Nudel-Mischung in eine flache Auflaufform geben und mit den Brotbröseln sowie dem geriebenen Käse bestreuen. Einige Minuten im Backofen überbacken, bis der Auflauf eine goldbraune Kruste hat.

Tipp: Sie können hier jede Art von Milch verwenden. Ich nehme am liebsten ungesüßten Reis- oder Haferdrink oder auch ungesüßte Sojamilch. Diese Ersatzprodukte erhält man inzwischen in vielen Supermärkten.

Gebratener Reis mit Cashewnüssen und Spargel

Wunderbar Zeit sparen lässt sich, wenn man vorausdenkt und mit »eingeplanten Resten« arbeitet. Reis eignet sich beispielsweise besonders gut dazu. Hier wird er mit verschiedenen Gemüsesorten leicht angebraten und dann mit Spargel und gerösteten Cashewkernen abgerundet. Das Gemüse ist austauschbar und lecker sind auch geröstete Pinien- oder Kürbiskerne anstatt der Cashewkerne.

Für 4 Personen

Vegan

2 Zwiebeln, in Scheiben geschnitten

2 EL geröstetes Sesamöl

½ Spitzkohl, in Streifen geschnitten, Strunk entfernt

500 g vorgegarter Reis (siehe Tipp)

125 g tiefgefrorene Erbsen, aufgetaut

1 Bund weißer Spargel, geschält und geputzt

1–2 EL Shoyu-Sojasauce

1–2 TL Ume Su (Umeboshi Würzsauce), falls erhältlich (siehe Tipp)

Salz und frisch gemahlener schwarzer Pfeffer

100 g Cashewkerne, geröstet, zum Servieren

glatte Petersilie oder Koriandergrün, gehackt, zum Servieren (nach Belieben)

1. In einer großen Pfanne mit hohem Rand oder einem Topf die Zwiebeln im Sesamöl unter Rühren 5 Minuten leicht anbräunen. Den Kohl dazugeben und alles bei mittlerer Hitze etwa 5 Minuten weich dünsten.

2. Den gekochten Reis und die Erbsen dazugeben und bei mittlerer Hitze unter Rühren einige Minuten mitbraten, bis alles gut warm ist.

3. Inzwischen in einem Topf etwa fingerhoch Wasser einfüllen und aufkochen. Die Spargelstangen darin zugedeckt etwa 7 Minuten garen. Sie sollten sich mit einer Messerspitze leicht einstechen lassen. Abgießen und warm stellen.

4. Die Reismischung mit Shoyu, gegebenenfalls Ume Su sowie Salz und Pfeffer würzen.

5. Den Reis auf vorgewärmte Teller geben, mit dem Spargel, den gerösteten Cashewkernen und nach Belieben mit gehackten Kräutern anrichten.

Tipps: Vollkorn-Basmatireis eignet sich für dieses Rezept vorzüglich, ebenso alle anderen Basmati- und Wildreissorten, die man in vielen Supermärkten findet. Besonders gerne mag ich ungeschälten Rundkornreis, aber leider beträgt seine Garzeit 45 Minuten.
Ume Su, eine japanische Würzsauce aus den Umeboshi-Früchten, findet man in großen Bioläden und gut sortierten Supermärkten. Das Schöne an ihr ist, dass schon wenige Tropfen davon ein Gericht geschmacklich wunderbar abrunden. Sie ist allerdings sehr salzig, daher vorsichtig dosieren.

Selleriereis mit gerösteten Mandeln und Möhren-Brunnenkresse-Sauté

Dieses Gericht hat schon fast etwas Zen-mäßiges an sich: Ich fühle mich danach immer ausgeglichen, ruhig und ganz entspannt. Ein Teil seines Charmes liegt in seinen milden und natürlichen Aromen – die nussige Note von Vollkornreis, die feine Würze der Selleriestangen und die intensive Süße der Möhren kommen hier wunderbar zum Ausdruck. Wenn Sie es gerne herzhafter haben, können Sie einfach noch etwas Sojasauce oder Chili dazugeben. Ich habe hier Vollkorn-Basmatireis verwendet, weil er in 30 Minuten weich ist. Hat man etwas mehr Zeit, lohnt sich ein Versuch mit Vollkorn-Rundkornreis, die Art der Zubereitung ist dieselbe, nur benötigt er 45 Minuten.

Für 4 Personen

Vegan

Für den Selleriereis

6 Selleriestangen, alles Faserige mit einem Sparschäler entfernt, gewürfelt

Salz

200 g Vollkorn-Basmatireis, abgespült

50 g Mandelblättchen

Für das Möhren-Brunnenkresse-Sauté

1 EL geröstetes Sesamöl

500 g Möhren, geschält und gerade oder schräg in sehr feine Scheiben geschnitten

8 Frühlingszwiebeln, schräg in feine Scheiben geschnitten

1 Bund oder Päckchen Brunnenkresse, geputzt

einige Tropfen Shoyu-Sojasauce

1. Die Selleriewürfel mit 500 ml Salzwasser und dem Basmatireis in einen Topf geben. Aufkochen lassen, die Hitze reduzieren und alles zugedeckt 25 Minuten köcheln lassen, bis der Reis weich ist und das ganze Wasser aufgenommen hat.

2. In der Zwischenzeit die Mandelblättchen in einer Pfanne ohne Fett bei mittlerer Hitze unter Rühren 2–3 Minuten rösten, bis sie goldbraun sind und zu duften beginnen. Sofort aus der Pfanne nehmen.

3. Für das Sauté in einem Topf das Sesamöl erhitzen. Die Möhren darin zugedeckt bei kleiner Hitze vorsichtig köcheln. Nach 4–5 Minuten nach den Möhren schauen, den Topf schwenken und gegebenenfalls etwas Wasser dazugießen, sollten die Möhren drohen anzubrennen. Wieder zudecken und die Möhren nochmals 5 Minuten garen, bis sie weich sind.

4. Die Frühlingszwiebeln zu den Möhren geben und 1–2 Minuten garen. Dann die Brunnenkresse dazugeben und 1 Minute mitdünsten, sodass sie gerade leicht zusammenfällt. Das Gemüse mit einigen Tropfen Shoyu-Sojasauce würzen.

5. Zum Servieren den Selleriereis mit den gerösteten Mandelblättchen bestreuen und das Möhren-Brunnenkresse-Sauté dazu reichen.

Ägyptisches Reis-Linsen-Gericht mit karamellisierten Zwiebeln und Pinienkernen

Ein ganz einfaches, sättigendes und sehr schmackhaftes Gericht. Besonders lecker schmeckt es mit gedünstetem Spinat.

Für 4 Personen

Vegan

200 g Vollkorn-Basmatireis, abgespült

Salz

4 Zwiebeln, in feine Ringe geschnitten

2 EL Olivenöl

4 Knoblauchzehen, zerdrückt

4 TL gemahlener Kreuzkümmel

4 TL gemahlener Koriander

2 Dosen grüne Tellerlinsen (à 400 g), abgetropft

frisch gemahlener schwarzer Pfeffer

50 g Pinienkerne, geröstet, zum Servieren

4 EL gehackte glatte Petersilie zum Servieren

1. Den Reis in einem Topf mit 500 ml Salzwasser zum Kochen bringen. Dann zugedeckt 25 Minuten köcheln lassen, bis der Reis weich ist und das ganze Wasser aufgenommen hat

2. Inzwischen die Zwiebeln im Öl etwa 20 Minuten ganz langsam anbraten, bis sie goldbraun und leicht karamellisiert sind. Die Hälfte der Zwiebeln aus dem Topf nehmen und warm stellen.

3. Knoblauch, Kreuzkümmel und Koriander mit den abgetropften Linsen zu den restlichen Zwiebeln in den Topf geben und alles bei kleiner Hitze unter gelegentlichem Rühren anbraten.

4. Den fertigen Reis vorsichtig mit einer Gabel auflockern und in den Topf zu den Zwiebeln geben, alles miteinander vermengen. Mit Salz und Pfeffer abschmecken.

5. Das Reis-Linsen-Gericht auf einer großen Platte oder vier vorgewärmten Tellern servieren. Die beiseitegestellten Zwiebeln darauf verteilen und alles mit gerösteten Pinienkernen und gehackter Petersilie bestreuen.

Ofenspargel mit Erbsenrisotto

Lassen Sie doch einfach mal den Backofen für Sie die Arbeit tun und genießen Sie einen schönen Frühsommertag draußen, anstatt mit dem Kochlöffel am Herd zu stehen. Ich liebe dieses Rezept als Hauptgericht mit einem frischen Salat.

Für 4 Personen

900 ml kochendes Wasser

1 TL gekörnte Gemüsebrühe

1 Zwiebel, gehackt

2 Selleriestangen, fein gehackt

1 EL Olivenöl

2 Knoblauchzehen, gehackt

350 g Risottoreis

100 ml Weißwein, Sherry,
    Noilly Prat oder Dry Martini

Salz und frisch gemahlener
    schwarzer Pfeffer

350 g weißer Spargel, geschält,
    geputzt und halbiert

200 g tiefgefrorene Erbsen, aufgetaut

Minze, gehackt, zum Servieren

Parmesan, gehobelt oder fein
    gerieben, zum Servieren
    (nach Belieben)

1. Den Backofen auf 220 °C (Umluft 200 °C) vorheizen. Für die Zubereitung des Risottos einen großen ofenfesten Schmortopf (oder Bräter) im Backofen heiß werden lassen. Das kochende Wasser mit der gekörnten Brühe in einem Topf gut verrühren und bei kleiner Hitze heiß halten.

2. In einem großen Topf die Zwiebel und den Sellerie im Olivenöl 5 Minuten andünsten, dann den Knoblauch und den Reis hineingeben. 1–2 Minuten unter Rühren weitergaren, dann Wein, Sherry oder Dry Martini angießen. Mit 1 TL Salz und etwas frisch gemahlenem Pfeffer würzen und alles zugedeckt köcheln lassen, bis der Reis die ganze Flüssigkeit aufgenommen hat.

3. Die Reismischung in den heißen Schmortopf geben und die kochende Brühe zugießen. Alle Zutaten verrühren und 20 Minuten im Backofen backen, bis der Reis weich ist und die ganze Brühe aufgenommen hat.

4. Etwa 10 Minuten vor Ende der Backzeit die Spargelstangen in wenig kochendem Salzwasser 4–6 Minuten garen. Die Erbsen kurz mit in den Topf geben und darin erhitzen, dann abgießen.

5. Den fertigen Risotto aus dem Backofen nehmen, kräftig umrühren und abschmecken. Den Spargel, die Erbsen und die gehackte Minze dazugeben und mit der Gabel grob unterrühren. Den Risotto sofort servieren, nach Belieben den Parmesan dazu reichen.

Tipp: Aus Resten des Risottos lassen sich schöne Kroketten herstellen. Dazu aus der kalten Risottomasse Kugeln formen, diese zuerst in Mehl und dann in verquirltem Ei wenden, oder in einer Mischung aus Speisestärke und Wasser (siehe Seite 33). Zuletzt in Semmelbröseln wenden und dann knusprig frittieren. Herrlich mit einer Meerrettich- oder Tomatensauce.

Eintopf mit Borlotti-Bohnen und Champignons

Dieser leicht zuzubereitende Eintopf macht rundum satt und warm. Genau das Richtige für einen kühlen Tag. Kombiniert mit dem Püree aus Hirse, Blumenkohl und Petersilie (siehe Seite 189) ergibt dies ein perfekt ausgewogenes Gericht aus Bohnen, Getreide und Gemüse. Oder einfach mit Toastbrot und kurz gegartem Gemüse wie Grünkohl servieren. Für das Püree haben Sie Zeit, während der Eintopf vor sich hin schmort.

Für 4 Personen

Vegan

1 EL Olivenöl

1 Zwiebel, gehackt

2 große Möhren, geschält und in feine Scheiben geschnitten

2 große Stangen Lauch, geputzt und in feine Ringe geschnitten

5 äußere Selleriestangen, in feine Scheiben geschnitten

300 g Champignons

2 Knoblauchzehen, zerdrückt

2 Zweige Thymian

2 Dosen Borlotti-Bohnen (à 400 g), abgetropft

1½ EL Mehl

100 ml Rotwein

2 TL gekörnte Gemüsebrühe

2 EL Shoyu-Sojasauce

Salz und frisch gemahlener schwarzer Pfeffer

Petersilie, gehackt, zum Servieren

1. Das Öl in einem großen Topf erhitzen und Zwiebeln, Möhren, Lauch und Sellerie darin 5 Minuten unter Rühren anbraten.

2. Champignons, Knoblauch, Thymian und Bohnen dazugeben. Dann das Mehl darüberstäuben und alles 2 Minuten weiterbraten.

3. Den Wein und 600 ml Wasser zugießen. Dann die gekörnte Brühe und die Sojasauce zugießen, mit Salz und Pfeffer würzen und alles aufkochen. Den Eintopf 20 Minuten leise köcheln lassen, bis das Gemüse schön weich ist. Mit gehackter Petersilie bestreut servieren.

Kidneybohnen-Wraps

Natürlich können Sie die Wraps auch fertig kaufen, ich backe sie aber lieber selbst. Wenn Sie erst gesehen haben, wie leicht das geht und wie gut sie schmecken, dann wird es Ihnen sicher genauso gehen. Gefüllt werden die Wraps dann ganz nach Lust und Laune mit Bohnen, Salat, Reis oder Gemüse. Meine Lieblingskombination ist: Kidneybohnen, Kopfsalat, Tomaten und Avocados.

Für 6 Portionen

Für die Wraps

150 g Dinkelmehl

¼ TL Salz

2 EL Olivenöl

Mehl zum Ausrollen

etwas Olivenöl zum Braten

Für die Füllung

4 Handvoll gemischte Salatblätter

1 Dose Kidneybohnen (400 g), abgetropft und leicht zerdrückt

4 Tomaten, stückig gehackt

1 Avocado, geschält, Kern entfernt und in Scheiben geschnitten

1 kleines Bund Koriandergrün

Salz und frisch gemahlener schwarzer Pfeffer

saure Sahne zum Servieren (nach Belieben)

1. Für die Wraps das Dinkelmehl in eine Schüssel geben und mit Salz, Öl und etwa 4 EL Wasser mischen. Dabei gerade so viel Wasser zugießen, dass ein weicher Teig entsteht, etwa in der Konsistenz von Knetmasse. Den Teig in 6 Portionen teilen, jeweils zu einer Kugel formen und mit der Handfläche flach drücken. Dann auf einer bemehlten Arbeitsfläche zu großen, dünnen Fladen (etwa 15 cm Durchmesser) ausrollen.

2. In einer Pfanne etwas Öl, etwa 1 EL, erhitzen und einen Teigfladen backen: Sobald er fest wird und auf der gebackenen Seite braune Flecken zeigt, wenden und auf der zweiten Seite fertig backen. Herausnehmen und auf einen Teller stapeln. Die übrigen Fladen ebenso backen. Falls nötig, nochmals etwas Öl in die Pfanne geben, wobei Wraps eigentlich kaum Fett benötigen und die Pfanne nur leicht gefettet sein sollte.

3. Jeweils einen Wrap auf ein Brett legen, einige Salatblätter, zerdrückte Bohnen, Tomaten, Avocado und Koriandergrün darauf verteilen und alles mit Salz und Pfeffer würzen. Den Wrap an beiden Seiten über der Füllung einschlagen, dann die Unterseite nach oben klappen und den Wrap dicht aufrollen. Die anderen Teigfladen genauso verarbeiten. Nach Belieben mit saurer Sahne servieren.

Die vegane Variante: Die saure Sahne einfach weglassen oder durch eine vegane Variante ersetzen.

Linsen-Chili-Kroketten mit Dillsauce

Diese Linsenkroketten sind außen knusprig, aber innen weich, und der scharfe Chili bildet einen tollen Kontrast zur frischen Joghurt-Dill-Sauce. Frittiert werden sie am knusprigsten, aber sie gelingen auch in wenig Fett gebraten gut (siehe Tipp).

Für 4 Personen

1 Zwiebel, gehackt

1 EL Olivenöl

2 Knoblauchzehen, zerdrückt

1 grüne Chilischote, Samen entfernt und gehackt, oder Chilipulver (nach Belieben)

4 TL gemahlener Koriander

2 Dosen grüne Tellerlinsen (à 400 g), abgetropft

Rapsöl zum Braten (siehe Tipp)

2 Scheiben Brot, entrindet

1 kleines Bund Koriandergrün, gehackt

Salz und frisch gemahlener schwarzer Pfeffer

Für die Panade

120 g Speisestärke

½ TL Salz

100 g feine Semmelbrösel

Für die Dillsauce

3 EL gehackter Dill

300 g Vollmilchjoghurt oder saure Sahne

Salz und frisch gemahlener schwarzer Pfeffer

1. Die Zwiebel in einem Topf im Öl zugedeckt etwa 5 Minuten anschwitzen. Knoblauch, Chilischote und gemahlenen Koriander dazugeben und zugedeckt 2–3 Minuten mitbraten. Vom Herd nehmen und die Linsen unterrühren.

2. Werden die Kroketten frittiert, kann man das Öl jetzt schon erhitzen, muss es aber gut im Auge behalten. Das Brot kurz in Wasser legen, sofort wieder herausnehmen, abtropfen lassen und gut ausdrücken. Mit den Fingern zerkrümeln und die Brösel mit Koriandergrün, Salz und Pfeffer zu den Linsen geben. Alles mit einem Löffel gründlich mischen, damit die Masse gut bindet.

3. Die Linsenmischung in 8 Portionen aufteilen und daraus Kugeln formen, falls frittiert wird, ansonsten flache Burger formen.

4. Für die Panade die Speisestärke mit dem Salz und 90–120 ml Wasser mischen. Der Teig sollte so flüssig sein, dass die Kroketten eingetunkt werden können, und fest genug, dass er haftet. Ich arbeite dabei mit den Fingern, dann habe ich das beste Gefühl dafür.

5. Die Kroketten zuerst in die Stärkemischung eintunken, dann in den Semmelbröseln wenden. Vorsichtig in das heiße Öl geben und entweder auf jeder Seite 3–4 Minuten braten oder rundum 4–5 Minuten frittieren. Auf Küchenpapier gut abtropfen lassen.

6. Für die Sauce den gehackten Dill in den Joghurt oder die saure Sahne rühren und mit Salz und Pfeffer abschmecken.

Tipp: Kleinere Mengen lassen sich anstatt in einer Fritteuse auch gut in einem mittelgroßen Topf frittieren. Dabei wird viel weniger Fett benötigt, weshalb man sich auch hochwertiges, kalt gepresstes Rapsöl gönnen kann.

Das ultimative Kidneybohnen-Chili

Ein riesiges, farbenfrohes Chili. Toll mit Couscous, kleinen Frühkartoffeln oder knusprigem Brot und dazu Avocadostücken oder Guacamole (siehe Seite 29). Mit reichlich Oliven, Tortillachips und geriebenem Käse ist dieses Gericht geradezu ein Volksfestessen.

Für 4 Personen

2 EL Olivenöl

2 Zwiebeln, gehackt

je 1 rote, gelbe und grüne Paprikaschote, Stielansatz, Samen und Scheidewände entfernt, in kleine Würfel geschnitten

2–4 Knoblauchzehen, fein gehackt

1 milde rote Chilischote, Samen entfernt und fein gehackt

2 TL gemahlener Koriander

2 Dosen grüne Tellerlinsen (à 400 g), abgetropft

2 Dosen Kidneybohnen (à 400 g), abgetropft

2 Dosen stückige Tomaten (à 400 g)

Chilipulver (nach Belieben)

Salz und frisch gemahlener schwarzer Pfeffer

saure Sahne zum Servieren

glatte Petersilie oder Koriandergrün, gehackt, zum Servieren

1. Das Öl in einer mittelgroßen Pfanne erhitzen. Die Zwiebeln und Paprikastücke hineingeben und darin zugedeckt 15–20 Minuten garen. Ab und zu umrühren, damit das Gemüse nicht anbrennt.

2. Den Knoblauch, die Chilischote, den Koriander, die Linsen, die Kidneybohnen und die Tomaten dazugeben und den Eintopf ohne Deckel 5–10 Minuten kochen, bis alles gut erhitzt ist.

3. Gegebenenfalls etwas Chilipulver dazugeben und das Chili mit Salz und Pfeffer abschmecken. Mit etwas saurer Sahne und gehackter Petersilie oder Koriandergrün servieren.

Die vegane Variante: Verwenden Sie ersatzweise vegane saure Sahne.

Zucchinibällchen in herzhafter Sauce

Dies ist meine sehr vereinfachte und beschleunigte Version eines Rezepts der großartigen Madhur Jaffrey – selbst so dauert es allerdings noch volle 30 Minuten, das Ergebnis macht den Aufwand aber locker wett. Schmeckt wunderbar mit Basmatireis.

Für 4 Personen

Vegan

2 mittelgroße Zwiebeln,
  sehr fein gehackt
1 EL Olivenöl
¼ TL gemahlene Kurkuma
1 TL gemahlener Kreuzkümmel
2 TL gemahlener Koriander
250 g Tomaten, enthäutet, Samen
  entfernt und gehackt
1 Dose Kokosmilch (200 ml), bei einer
  größeren Dose den Rest einfrieren

Für die Zucchinibällchen

500 g Zucchini, grob gerieben
1 EL frisch geriebener Ingwer
2 EL gehacktes Koriandergrün
50 g Kichererbsenmehl
Salz
Rapsöl zum Frittieren
Koriandergrün, gehackt, und/oder
  Limettenspalten zum Servieren

1. Die gehackten Zwiebeln in einem Topf im Olivenöl 7–8 Minuten anschwitzen.

2. Inzwischen für die Bällchen die geriebenen Zucchini in ein sauberes Geschirrtuch geben, zusammenrollen und über einer Schüssel so viel Flüssigkeit wie möglich ausdrücken, meist sind dies einige Esslöffel. Diese Flüssigkeit aufbewahren.

3. Die ausgedrückten Zucchini mit 2 EL gebratenen Zwiebeln, Ingwer, gehacktem Koriandergrün, Kichererbsenmehl und etwas Salz vermischen. Aus der Zucchinimischung 16 etwa walnussgroße oder etwas größere Kugeln formen.

4. Einen breiten Topf etwa 3 cm hoch mit Rapsöl füllen und erhitzen.

5. Währenddessen Kurkuma, Kreuzkümmel und Koriander unter die Zwiebeln rühren und bei mittlerer Hitze einige Sekunden mitbraten. Dann die Tomatenstücke, die Kokosmilch und den Zucchinisaft dazugeben. Die Sauce bei kleiner Hitze leise köcheln.

6. Inzwischen die Bällchen im heißen Öl portionsweise jeweils 4–5 Minuten goldbraun und knusprig ausbacken. Wichtig ist, dass sie auch innen vollständig durchgegart sind. Das Öl sollte daher nicht zu heiß sein, damit sie nicht zu schnell braten und außen verbrennen. Auf Küchenpapier gut abtropfen lassen.

7. Die Sauce in eine vorgewärmte flache Schale gießen, die Zucchinibällchen darauf verteilen und mit dem gehackten Koriandergrün bestreut servieren. Alternativ in reichlich Sauce auf separaten Tellern mit Limettenspalten anrichten.

Schnelle Zucchinitarte

Für diese Tarte verwende ich gerne fertigen Blätterteig aus dem Kühlregal. Damit wird die Tarte besonders leicht und blättrig.

Für 4 Personen

1 Rolle Blätterteig (375 g)

100 g Ziegenfrischkäse

1 Knoblauchzehe, zerdrückt

80 g Parmesan, gerieben

350 g Zucchini, in feine Scheiben geschnitten

1 EL Olivenöl

Salz und frisch gemahlener schwarzer Pfeffer

1. Den Backofen auf 220 °C (Umluft 200 °C) vorheizen.

2. Den Blätterteig mit dem Backpapier auf ein Backblech legen und rundum einen Rand von etwa 2 cm einritzen.

3. Den Ziegenkäse mit 2–4 EL Wasser, dem Knoblauch und der Hälfte des Parmesans verrühren und auf den Teig streichen. Die Ränder dabei frei lassen.

4. Die Zucchinischeiben auf der Käsemischung verteilen, mit Olivenöl einstreichen und mit Salz und Pfeffer würzen. Den restlichen Parmesan darüberstreuen und die Tarte im Backofen 20 Minuten überbacken, bis der Teig schön goldbraun und aufgebläht ist.

Tomaten-Pesto-Tarte mit Walnussteig

Eine wunderschöne schnelle Tarte mit knusprigem Walnussboden sowie einem Belag aus leckerem Pesto, gebratenen Zwiebeln und saftig-reifen Tomaten. Übrigens: Je besser die Tomaten, desto besser die ganze Tarte. Dazu passt ein sommerlicher Blattsalat und vielleicht ein paar Frühkartoffeln. Den Teig sollten Sie unbedingt ausprobieren, selbst wenn Sie sonst nie backen, er ist wirklich einfach und so lecker. Zum Backen wird eine große runde Tarte- oder Springform (etwa 24 cm Durchmesser) benötigt.

Für 4 Personen

Für den Walnussteig

200 g Dinkelmehl

½ TL Salz

8 EL kalt gepresstes Rapsöl

50 g Walnusskerne, grob gehackt

Für die Füllung

2–3 EL Olivenöl

2 große Zwiebeln, in feine
    Ringe geschnitten

3 EL Pesto (siehe Seite 8)

600 g reife Tomaten, in dünne
    Scheiben geschnitten

Salz und frisch gemahlener
    schwarzer Pfeffer

einige frische Basilikumblätter
    zum Servieren

1. Den Backofen auf 220 °C (Umluft 200 °C) vorheizen.

2. Für den Teig Mehl und Salz in eine Schüssel geben. Das Öl und 2 EL Wasser dazugeben und alles vorsichtig mit einer Gabel zu einem kompakten Teig mischen. Dann die Walnusskerne unterheben. Den Teig mit den Fingern möglichst gleichmäßig auf dem Boden einer Tarteform verteilen. Am Rand ein wenig nach oben drücken, wobei es kein richtiger Rand werden muss. Die Form in den Backofen schieben – Beschweren mit Hülsenfrüchten ist nicht nötig – und den Boden 6–8 Minuten backen. Aus dem Backofen nehmen.

3. Inzwischen 1 EL Olivenöl in einem Topf erhitzen und die Zwiebelringe darin zugedeckt 10–15 Minuten garen.

4. Das Pesto über den Teig träufeln und die Zwiebeln gleichmäßig darüber verteilen. Dann die Tarte mit den Tomatenscheiben vollständig bedecken. Salzen, etwas schwarzen Pfeffer darübermahlen und mit dem restlichen Olivenöl beträufeln.

5. Die Tarte im Backofen 8–10 Minuten backen, damit die Tomaten etwas garen. Mit frischem Basilikum garniert servieren.

Deftige Kastanienwürstchen

Ein herrlich herbstliches Gericht – vielleicht sogar weihnachtlich – insbesondere in Verbindung mit der Sherrysauce (siehe Seite 149) und Rosenkohl. Auch ein cremiges Kartoffelpüree oder der Rotkohltopf (siehe Seite 166) passen wunderbar dazu. Aber Kinder mögen diese Würstchen gerne einfach so oder nach Hotdog-Art in einem Brötchen.

Für 12 Stück – 4 großzügige Portionen

Vegan

2 EL Olivenöl

2 mittelgroße Zwiebeln, fein gehackt

3 Selleriestangen, fein gehackt

2 Knoblauchzehen, zerdrückt

100 g Vollkornsemmelbrösel

1 Dose ungesüßtes Kastanienpüree (etwa 440 g)

2–3 TL Shoyu-Sojasauce

1–2 EL Vollkornmehl zum Panieren

Oliven- oder Rapsöl zum Braten

1. 1 EL Olivenöl in einem großen Topf erhitzen und Zwiebeln, Sellerie und Knoblauch darin zugedeckt etwa 5 Minuten dünsten.

2. Inzwischen das restliche Öl in einem zweiten großen Topf oder in einer Pfanne erhitzen, die Semmelbrösel dazugeben und 4–5 Minuten goldbraun rösten.

3. Die gerösteten Semmelbrösel und das Kastanienpüree zur Zwiebelmischung geben, alles gut mischen und mit der Sojasauce abschmecken.

4. Aus der Masse 12 dicke Würste formen und von allen Seiten im Mehl wenden.

5. Etwa 1 EL Rapsöl oder Olivenöl – gerade so viel, dass der Topf leicht eingefettet ist – erhitzen und die Würste darin rundum schön braun und knusprig braten. Am besten gelingt dies, wenn die Würste eher rechteckig als ganz rund sind.

Baguette-Pizzas

Aus knusprigem Brot können Sie wunderbar eine schnelle Pizzamahlzeit machen. Für mich ist Baguette die erste Wahl, denn es bleibt knusprig und erinnert am ehesten an normale Pizza. Man braucht hierzu ein großes, breites Baguette, nach Belieben auch ein Vollkornbaguette oder Ciabatta.

Für 4 Personen

1 großes, breites Baguette oder ein anderes Brot mit schöner Kruste

Pizzabelag nach Wunsch (siehe Tipp)

200 g Feta, zerkrümelt, oder Mozzarella (nicht aus Büffelmilch), klein gezupft

Olivenöl zum Beträufeln

einige Rucolablätter zum Servieren

Für die schnelle Tomatensauce

1 Dose stückige Tomaten (400 g)

1 Knoblauchzehe, zerdrückt

1 EL Oregano

Salz und frisch gemahlener schwarzer Pfeffer

1. Zunächst für die Sauce die Tomatenstücke mit Knoblauch und Oregano in einem Topf bei mittlerer Hitze blubbernd köcheln, bis die Flüssigkeit um die Hälfte eingekocht und die Sauce schön sämig ist. Mit Salz und Pfeffer abschmecken.

2. Den Backofengrill vorheizen. Das Brot quer durchschneiden und nach Belieben, wenn es besonders knusprig werden soll, etwas Krume herausnehmen. Das Brot in der gewünschten Größe in Stücke schneiden.

3. Die Tomatensauce relativ dünn auf dem »Pizzaboden« verteilen und nach Wunsch belegen (siehe unten).

4. Den Käse darüber verteilen und die Pizzas auf ein Backblech legen. Die Ränder jeweils mit etwas Olivenöl beträufeln, so werden sie noch knuspriger.

5. Die Baguette-Pizzas etwa 7 Minuten unter dem Backofengrill überbacken, bis der Belag leicht gebräunt und das Brot schön knusprig ist.

6. Sofort servieren. Ich serviere diese Pizzas gerne auf einem Rucolabett, das rundet die heiße, knusprige Pizza wunderbar ab und schmeckt auch Kindern gut.

Einige Ideen für den Pizzabelag
In feine Ringe geschnittene rote Zwiebeln
Rote und gelbe Paprikaschoten
Champignons
Gegrillte und in Öl eingelegte Artischockenherzen, abgetropft
Schwarze oder grüne Oliven
Mais
… sowie alles, was das Herz begehrt!

Spargelfrittata mit Kapernmayonnaise

Ein schnelles Rezept für einen warmen Frühsommertag. Besonders appetitlich mit einem knackig-frischen grünen Salat und Frühlingszwiebeln.

Für 4 Personen

700 g grüner Spargel

Salz

2 EL Olivenöl

225 g Cheddar oder anderer Hart-
käse, frisch gerieben

8 Eier, verquirlt

frisch gemahlener schwarzer Pfeffer

Für die Kapernmayonnaise

4 gehäufte EL Mayonnaise

1 gehäufter EL kleine, in Essig
eingelegte Kapern, abgespült und
abgetropft

1. Die holzigen Enden der Spargelstangen abbrechen, dazu einfach biegen, bis sie brechen. Die Stangen in der Mitte durchschneiden. Etwa 1 cm hoch Salzwasser in einen Topf füllen, aufkochen und die Spargelstangen darin 2–5 Minuten gerade eben weich garen. Abgießen.

2. Das Öl in einer ofenfesten Pfanne (etwa 28 cm Durchmesser) erhitzen. Die Spargelstangen nebeneinander in die Pfanne legen. Die Hälfte des Käses darüberstreuen und die verquirlten Eier darübergießen. Salzen, pfeffern und den restlichen Käse darauf verteilen.

3. Die Pfanne bei mittlerer Hitze auf den Herd stellen, den Deckel auflegen und die Eimasse etwa 5 Minuten stocken lassen. In der Zwischenzeit den Backofengrill auf höchste Stufe vorheizen.

4. Dann die Frittata ohne Deckel etwa 10 Minuten unter dem Backofengrill überbacken, bis sie leicht gebräunt und aufgebläht, aber in der Mitte fest ist.

5. In der Zwischenzeit die Mayonnaise mit den Kapern verrühren und in eine kleine Schüssel geben.

6. Die Spargelfrittata ofenfrisch in Stücke schneiden und mit der Kapernmayonnaise servieren.

Tempeh-Fladen

Wie Tofu ist auch Tempeh ein traditionelles asiatisches Fermentationsprodukt aus Sojabohnen, das vor allem in der indonesischen Küche eingesetzt wird. Man findet es in Asialäden und gut sortiertierten Bioläden. Diese Fladen sind einfach unübertroffen lecker. Gut passt dazu gedämpfter Spinat oder Pak Choi oder der Asiatische gepresste Salat (siehe Seite 179).

Für 2–4 Personen
(für 4 große Fladen)
Vegan

1 Block Tempeh (200 g; siehe Tipp)

1 EL Ahornsirup

1 EL Shoyu-Sojasauce

1 EL Balsamessig

¼ TL frisch gemahlener
    weißer Pfeffer

1 mittelgroße Zwiebel, fein gehackt

1 kleine rote Paprikaschote, Stiel-
    ansatz, Samen und Scheidewände
    entfernt, fein gehackt

1 EL geröstetes Sesamöl

2 Knoblauchzehen, zerdrückt

50–100 g weiches Brot, entrindet und
    gut zerbröselt

Salz und frisch gemahlener
    schwarzer Pfeffer

Oliven- oder Sesamöl zum Braten

Limettenspalten zum Servieren

1. Tempeh in dünne Scheiben schneiden und auf einer Platte auslegen. Ahornsirup, Sojasauce, Balsamessig und Pfeffer mischen und als Marinade über die Tempeh-Scheiben träufeln. Einige Minuten ziehen lassen.

2. Bei mittlerer Hitze die Zwiebel und die rote Paprikaschote im Sesamöl andünsten und unter Rühren 10 Minuten garen. Knoblauch unterrühren, einige Minuten mitgaren und dann den Topf vom Herd nehmen.

3. Die marinierten Tempeh-Scheiben grob mit einer Gabel zerdrücken und zur Zwiebel-Paprika-Mischung geben. So viel Brotbrösel dazugeben, dass die Masse gut bindet. Mit Salz und Pfeffer würzen.

4. Aus der Tempeh-Masse 4 Fladen formen, jeder nicht dicker als 1 cm. In etwas Olivenöl oder Sesamöl ausbacken und mit Limettenspalten servieren.

Tipp: Tempeh finden Sie fast immer vakuumverpackt in kleinen Blöcken in der Kühltheke oder im Tiefkühlfach. Er ist milchigweiß und hat eine schöne Konsistenz, deutlich fester als die von Tofu, weshalb er sich sehr gut schneiden lässt.

Kichererbsen-Hirse-Küchlein nach Thai-Art mit roter Paprikasauce

Auch das hier ist ein Rezept, das anscheinend immer gut ankommt. Es geht schnell und ist ideal, wenn Groß und Klein in großer Zahl zusammenkommen. Mit ein paar Salaten und Dips hat man in Kürze eine tolle, entspannte Mahlzeit gezaubert. Gekaufte Currypaste eignet sich gut, nur sollten Sie prüfen, ob die Zutaten für Vegetarier geeignet sind.

Für 4 Personen

Vegan

125 g Hirse

Salz

1 Dose Kichererbsen (400 g), abgetropft

3–4 TL rote Currypaste (oder Menge nach Belieben)

4 EL gehacktes Koriandergrün

2 Frühlingszwiebeln, fein gehackt

frisch gemahlener schwarzer Pfeffer

1–2 EL Vollkornmehl zum Panieren

Rapsöl zum Braten

Für den süßen Senfdip

3 EL Reis- oder Ahornsirup

2 TL Dijonsenf

1 kräftige Prise Chiliflocken

Für die rote Paprikasauce

1 rote Paprikaschote, Stielansatz, Samen und Scheidewände entfernt, klein gewürfelt

1 EL Ahornsirup

1 EL Reis- oder Apfelessig

1 Prise Chiliflocken

1. Die Hirse in einem Topf mit 300 ml Salzwasser aufkochen und 15–20 Minuten zugedeckt bei kleiner Hitze quellen lassen, bis sie das ganze Wasser aufgenommen hat und leicht und locker ist.

2. Inzwischen für die Paprikasauce die rote Paprikaschote mit dem Ahornsirup, dem Essig und den Chiliflocken in einem Topf zugedeckt 10–15 Minuten sanft köcheln, bis die Paprika ganz weich ist. (Zusätzliches Wasser wird nicht benötigt, die Paprika gibt rasch genug Flüssigkeit ab.)

3. Die gekochte Hirse mit den Kichererbsen verrühren, Currypaste, Koriandergrün, Frühlingszwiebeln dazugeben und mit Salz und Pfeffer würzen.

4. Aus der Masse flache Küchlein formen und von allen Seiten im Mehl wenden.

5. Etwas Rapsöl in einer Pfanne erhitzen und die Küchlein darin auf beiden Seiten goldbraun und schön knusprig braten.

6. In der Zwischenzeit den Senfdip zubereiten. Dazu den Sirup mit dem Senf und den Chiliflocken verrühren.

7. Die fertigen Küchlein auf Küchenpapier abtropfen lassen und mit Senfdip und Paprikasauce servieren.

Tipp: Diese Küchlein lassen sich hervorragend einfrieren, es lohnt sich also, gleich die doppelte Menge herzustellen. Einfach nach dem Wenden im Mehl einzeln einfrieren, dann können sie bei Bedarf sogar gefroren in die Pfanne gegeben und gebraten werden.

Scharfe Udon-Nudeln aus dem Wok

Dieser köstliche Asia-Mix aus zarten Udon-Nudeln, leicht bitterem Gemüse, jungen Champignons, Zwiebeln und roten Paprikaschoten ist schnell und einfach zubereitet. Außerdem sättigt dieses Wok-Gericht unheimlich – alles in allem eine leckere und gesunde Mahlzeit auf dem Teller. Udon-Nudeln sind in Asialäden sowie in gut sortierten Supermärkten erhältlich.

Für 4 Personen

Vegan

Salz

250 g Udon-Nudeln (japanische Weizennudeln)

200 g Grünkohl, geputzt und in Stücke geschnitten

2 EL Olivenöl

1 Zwiebel, gehackt

1 rote Paprikaschote, Stielansatz, Samen und Scheidewände entfernt, in Streifen geschnitten

225 g junge Champignons

400 g Pak Choi, geviertelt

2 Tomaten, grob gehackt

1 milde rote Chilischote, Samen entfernt und in Streifen geschnitten

3–4 TL rote Thai- Currypaste (siehe Tipp)

2–3 Handvoll geröstete Erdnusskerne, grob zerkleinert, zum Servieren

Zitronenspalten zum Servieren

1. Einen großen Topf zur Hälfte mit Salzwasser füllen und zum Kochen bringen. Die Nudeln darin einmal aufkochen und dann 6–7 Minuten garen. Abgießen und bis zur weiteren Verwendung in einer Schüssel mit kaltem Wasser aufbewahren.

2. Inzwischen in einem zweiten Topf etwa 1 cm hoch Wasser erhitzen und den Grünkohl darin zugedeckt etwa 6 Minuten garen.

3. Das Olivenöl in einem Wok oder einem großen Topf erhitzen. Die Zwiebel und die Paprikastreifen darin 5 Minuten anbraten, dann die Pilze, den Pak Choi, die Tomaten und die Chilischote dazugeben, gut mischen und alles zugedeckt 5 Minuten garen.

4. Grünkohl und Nudeln jeweils abgießen, zum Gemüse geben und alles unter Rühren erhitzen.

5. Etwa 1 TL Thai-Currypaste unterrühren und mit Salz abschmecken. So viel Currypaste dazugeben, bis die Mischung die gewünschte Schärfe hat. Je nachdem, für wen ich koche, teile ich an dieser Stelle das Gericht manchmal auf zwei Töpfe auf. Dann kann ich eine Portion schärfer abschmecken als die andere.

6. Sofort in vorgewärmte Schalen oder Teller füllen, mit den Erdnüssen bestreut und mit den Zitronenspalten garniert servieren.

Tipp: Achten Sie darauf, dass die Currypaste vegetarisch ist, viele Sorten enthalten Fischpaste.

Frittierter Tofu mit Zitrone

Wenn Sie gerne einen Hauch von Meer schmecken, aber keinen Fisch essen möchten, dann probieren Sie dieses Rezept einmal aus. Mit Zitronenspalten serviert und kurz gedünstetem Gemüse als Beilage wird daraus eine herrliche Mahlzeit.

Für 4 Personen
Vegan

Rapsöl zum Frittieren

400 g Tofu

1 Nori-Blatt
   (getrocknete Meeresalgen)

4 Zitronenspalten zum Servieren

Für den Teig

50 g Weißmehl

100 g Speisestärke

¼ TL Salz

1½ TL Backpulver

etwa 200 ml Mineralwasser
   mit Kohlensäure

1. Einen oder zwei Woks, Frittierpfannen oder große, schwere Töpfe zur Hälfte mit Rapsöl füllen und erhitzen. Wenn sich um einen Brotwürfel ringsum Bläschen bilden, ist das Öl heiß genug.

2. Inzwischen für den Teig das Mehl und die Speisestärke mit Salz und Backpulver in eine Schüssel geben. Das Mineralwasser zugießen und schnell mit einer Gabel oder einem Stäbchen verrühren. Einige Mehlklumpen darin schaden nicht. Der Teig soll aber gut am Tofu haften, daher gegebenenfalls noch etwas Wasser oder Speisestärke dazugeben.

3. Den Tofu abtropfen lassen, aber nicht trocken tupfen. Quer in etwa 8 mm dicke Scheiben schneiden, sodass man etwa 12 Scheiben erhält. Das Nori-Blatt in 12 ähnlich große Stücke schneiden.

4. Wenn das Öl heiß genug ist, je ein Stück Nori auf eine Scheibe Tofu legen, in den Teig tauchen – das Nori-Blatt sollte dabei nicht verrutschen –, überschüssigen Teig abtropfen lassen und dann in das Öl geben. 3–4 Minuten garen, das Ergebnis sollte goldbraun (nicht zu dunkel) und knusprig sein. Anschließend vorsichtig mit einem Schaumlöffel herausnehmen und auf Küchenpapier abtropfen lassen. Mit dem übrigen Tofu ebenso verfahren. Wichtig ist, dass man Nori und Tofu erst unmittelbar vor dem Frittieren in den Teig tunkt, damit das Nori-Blatt nicht durchweicht.

5. Mit Zitronenspalten servieren.

Tofu-Sesam-Ecken mit Udon-Nudeln und Pak Choi

Ein köstliches und kontrastreiches Gericht: zarter Tofu knusprig umhüllt von schwarzem Sesam, serviert mit cremeweißen, weichen Nudeln und Pak Choi sowie Frühlingszwiebeln für den Farbkick. Schwarzer Sesam, zu finden in Asialäden und gut sortierten Bioläden, kann immer anstelle von Sesam verwendet werden. Im Geschmack ähnelt er sowohl dem ungeschälten als auch dem hellen, geschälten Sesam.

Für 4 Personen

Vegan

500 g fester Tofu, abgetropft und in kleine Dreiecke geschnitten, jeweils nicht dicker als 6 mm

Für die Marinade und die Panade

3 EL Shoyu-Sojasauce

2 EL Apfelessig

1 EL Olivenöl

1 EL Ume Su (Umeboshi Würzsauce), falls erhältlich (siehe Seite 84)

Salz

¼ TL frisch gemahlener weißer Pfeffer

4 EL Vollkornmehl

4 EL schwarzer Sesam

Olivenöl zum Braten

Für die Nudeln

250 g Udon-Nudeln (japanische Weizennudeln)

Salz

400 g Pak Choi, grob gehackt

2 EL geröstetes Sesamöl

6 Frühlingszwiebeln, gehackt

frisch gemahlener Pfeffer

1. Für die Marinade auf einem großen Teller Sojasauce, Apfelessig, Olivenöl, gegebenenfalls Ume Su, ¼ TL Salz und Pfeffer mischen. Die Tofudreiecke in die Marinade legen und darin 10 Minuten ziehen lassen, nach der Hälfte der Zeit wenden.

2. Die Nudeln nach Packungsanweisung in reichlich Salzwasser fast weich garen. In ein Sieb abgießen und unter kaltem Wasser abschrecken.

3. Etwa 1 cm hoch Wasser in einen großen Topf füllen und aufkochen. Den Pak Choi darin 2–3 Minuten garen, dann in ein Sieb abgießen.

4. Für die Tofuecken das Mehl und den schwarzen Sesam sowie 1 kräftige Prise Salz auf einem großen Teller vermischen. Die Tofustücke aus der Marinade nehmen und abtropfen lassen. Von beiden Seiten in der Mehl-Sesam-Mischung wenden und leicht hineindrücken, damit sie gut haftet. Die verbliebene Marinade aufbewahren.

5. Die Tofuecken in wenig Olivenöl braten, bis sie knusprig und leicht gebräunt sind. Eventuell portionsweise arbeiten, die fertigen Ecken warm stellen.

6. Währenddessen das geröstete Sesamöl in einem großen Topf erhitzen, die abgetropften Nudeln, den Pak Choi, die restliche Marinade und die Frühlingszwiebeln hineingeben und alles bei mittlerer Hitze einige Minuten erhitzen. Salzen und pfeffern.

7. Die Nudelmischung auf vorgewärmten Tellern anrichten und die Tofuecken darauflegen.

Kerala Curry

Die Zutatenliste für dieses Rezept ist zwar lang, die Zubereitung dafür ziemlich einfach: Das Ergebnis ist ein leckeres, farbenfrohes Curry, das Sie am besten mit Reis servieren. Reste lassen sich sehr gut aufwärmen und schmecken, wie so oft bei solchen Gerichten, am nächsten Tag sogar noch besser.

Für 6 Personen
Vegan

3 EL Olivenöl

300 g Zwiebeln, fein gehackt

300 g Möhren, geschält und
    in Scheiben geschnitten

300 g Frühkartoffeln, in Scheiben
    geschnitten

300 g Blumenkohlröschen,
    in Scheiben geschnitten

300 g grüne Bohnen, in 5 cm lange
    Stücke geschnitten

1 grüne Chilischote, Samen entfernt
    und in Streifen geschnitten

1 Dose Kokosmilch (400 ml)

Salz und frisch gemahlener
    schwarzer Pfeffer

1 kleines Bund Koriandergrün,
    gehackt, zum Servieren

Für die trockene Gewürzmischung

jeweils 1½ TL Cayennepfeffer,
    gemahlener Koriander, Fenchel-
    samen und gemahlene Kurkuma

Samen aus 6 Kardamomkapseln,
    zerdrückt

Für die Würzsauce

300 g Tomaten, gehackt

6 Knoblauchzehen

1 Stück frischer Ingwer (etwa 6 cm),
    geschält

1. Zuerst die Würzsauce zubereiten. Dazu Tomaten, Knoblauch und Ingwer in einem Küchenmixer oder mit einem Stabmixer pürieren. Beiseitestellen.

2. Das Öl in einem großen Topf erhitzen und Zwiebeln, Möhren und Kartoffeln hineingeben. Zugedeckt etwa 10 Minuten leise köcheln lassen, bis sie etwas weich sind, dabei gelegentlich umrühren.

3. Die trockenen Gewürze unter das Gemüse rühren und etwa 1 Minute mitkochen, bis sie zu duften beginnen. Dann Blumenkohl, Bohnen, Chilischote und Würzsauce dazugeben. Das Curry 10 Minuten leise köcheln, bis das Gemüse richtig weich ist.

4. Die Kokosmilch zugießen, vorsichtig erwärmen und alles nach Belieben mit Salz und Pfeffer abschmecken. Das Curry mit dem Koriandergrün bestreut servieren.

Gebackene Auberginen in Tomatensauce mit Mozzarellakruste

Feine Auberginenscheiben, dazu Tomatensauce mit einem kräftigen, sonnenverwöhnten Aroma und herrlich triefender Mozzarella ... so einfach geht das. Mit 1 Handvoll schwarzen Oliven und/oder ein paar Kapern in der Tomatensauce kriegt das Ganze sogar noch ein wenig mehr Pfiff.

Für 4 Personen

2 mittelgroße Auberginen, in 8 cm dicke Scheiben geschnitten

Olivenöl

Salz und frisch gemahlener schwarzer Pfeffer

200 g Mozzarella (siehe Tipp), in Scheiben geschnitten

Für die Tomatensauce

1 EL Olivenöl

2 Zwiebeln, gehackt

4 Knoblauchzehen, fein gehackt

2 Dosen stückige Tomaten (à 400 g)

1. Den Backofengrill vorheizen. Die Auberginenscheiben auf beiden Seiten mit Olivenöl einstreichen. Die Scheiben nebeneinander auf ein Backblech legen. Eventuell portionsweise unter dem Backofengrill von beiden Seiten je etwa 3 Minuten backen, bis sie weich, aber nicht gebräunt sind.

2. In der Zwischenzeit die Sauce zubereiten. Das Öl in einem Topf erhitzen, die Zwiebel hineingeben und zugedeckt etwa 8 Minuten fast weich braten. Den Knoblauch hinzufügen und 2 Minuten mitbraten. Dann die Tomatenstücke in den Topf geben und die Sauce ohne Deckel 10 Minuten lebhaft köcheln lassen, bis sie stark eingedickt ist.

3. Die Auberginenscheiben mit Salz und Pfeffer würzen und in eine flache Auflaufform setzen. Die Tomatensauce darüber verteilen und darauf wiederum die Mozzarellascheiben legen.

4. Im Backofen etwa 10 Minuten überbacken. Der Käse sollte geschmolzen und oben goldbraun sein.

Tipp: Vegetarisch produzierten Mozzarella bekommen Sie in vielen Supermärkten, allerdings nicht als Büffelmozzarella. Denn dieser wird nach traditionellem Verfahren mit tierischem Lab hergestellt.

Essen für
Familie & Freunde

Malaysisches Gemüse-Kokos-Curry

Dieses kokosnussig-leckere Curry schmeckt köstlich mit gekochtem Reis und gedünstetem jungem Spinat. Die Schärfe kann flexibel angepasst werden. Falls nicht jeder am Tisch gerne scharf isst, machen Sie es einfach so wie ich: Am Ende getrocknete Chiliflocken nur zu einem Teil des Currys geben.

Für 4 Personen
Vegan
Für die Currypaste

3 EL Kokosraspel

2 Knoblauchzehen

1 Zwiebel, in Scheiben geschnitten

2 Stängel Zitronengras, die äußeren, harten Teile entfernt, das Innere in Scheiben geschnitten

1–3 frische rote Chilischoten, Samen entfernt, oder Chiliflocken (nach Belieben; siehe oben)

1 gut walnussgroßes Stück frischer Ingwer, geschält und grob zerkleinert

1 TL gemahlene Kurkuma

Salz

1 TL Zucker

2 EL Olivenöl

1 Dose Kokosmilch (400 ml)

1 TL Tamarindenpaste

4 Sternanis

1 Zimtstange

etwas frisch gepresster Limettensaft

Für das Gemüse

250 g Möhren, geschält und in feine Scheiben geschnitten

200 g zarter Kohl, z. B. Spitzkohl, in Streifen geschnitten

100 g tiefgefrorene Erbsen, aufgetaut

2 EL gehacktes Koriandergrün zum Servieren

4 EL gesalzene Erdnusskerne, grob gehackt, zum Servieren

1. Die Möhren werden gekocht zum Curry gegeben, daher zunächst etwa 1 cm hoch Wasser in einem Topf zum Kochen bringen und die Möhren darin zugedeckt etwa 10 Minuten garen.

2. Inzwischen die Kokosraspel in einer Pfanne ohne Fett unter Rühren kurz anrösten und leicht Farbe annehmen lassen. Sofort vom Herd nehmen und in einen Küchenmixer oder in einen hohen, für einen Stabmixer geeigneten Rührbecher geben. Dabei zügig arbeiten, damit die Kokosflocken nicht nachbräunen.

3. Knoblauch, Zwiebel, Zitronengras, Chilischote nach Belieben (eventuell am Ende separat nur zu einem Teil des Currys geben), Ingwer, Kurkuma, 1 TL Salz und Zucker zu den Kokosraspeln geben und alles zu einer dicken Paste verarbeiten.

4. Das Öl in einer Pfanne mit hohem Rand erhitzen (der Rand ist wichtig, alternativ einen weiten Topf nehmen) und die zubereitete Paste darin unter Rühren einige Minuten anbraten. Dann Kokosmilch, Tamarindenpaste, Sternanis und Zimtstange dazugeben und alles unter Rühren aufkochen. Bei kleiner Hitze 5 Minuten leise köcheln.

5. Die Möhren abgießen und mit dem Spitzkohl zum Curry geben. Alles noch 10 Minuten leise köcheln lassen, bis das Gemüse weich und das Curry schön sämig ist. Zuletzt die Erbsen dazugeben und noch einige Minuten darin erhitzen.

6. Das Curry abschmecken und gegebenenfalls etwas Limettensaft und Salz hinzufügen. Mit gehacktem Koriandergrün und den Erdnüssen servieren.

Thai-Gemüsepfanne

Dieses Pfannengericht ist mit gekaufter Currypaste ganz schnell auf den Tisch gezaubert. Das Geheimnis des frischen Geschmacks liegt darin, das Gemüse nur kurz anzubraten und am Ende alles großzügig mit Koriander zu bestreuen. Dazu passt sehr gut gekochter Reis, diesen gleich als Erstes aufsetzen.

Für 4 Personen
Vegan

2 EL Olivenöl

2 große Möhren, geschält und in feine Scheiben geschnitten

2 rote Paprikaschoten, Stielansatz, Samen und Scheidewände entfernt, in feine Streifen geschnitten

250 g Zuckerschoten, der Länge nach halbiert

250 g Mini-Zuckermais, schräg in Scheiben geschnitten

300 g junge Champignons, eventuell halbiert

1 Bund Frühlingszwiebeln, in Ringe geschnitten

4 TL rote Currypaste (oder Menge nach Belieben; siehe Tipp Seite 108)

1 Dose Kokosmilch (400 ml)

1 kleines Bund Koriandergrün, Blättchen abgezupft

Salz und frisch gemahlener schwarzer Pfeffer

Für den Reis

300 g weißer Basmatireis, gründlich gespült

Salz

1. Zunächst den Reis mit 400 ml Salzwasser in einen Topf mit schwerem Boden geben und aufkochen. Den Deckel auflegen und die Hitze reduzieren, sodass der Reis nur noch leise köchelt. Einen Küchenwecker auf 14 Minuten stellen. Sobald die Zeit um ist, den Topf vom Herd nehmen, ohne den Deckel abzunehmen (das ist wichtig!) und den Reis noch 8 Minuten in der Nachhitze ziehen lassen.

2. Für das Curry das Öl in einem Wok oder großen Topf erhitzen und die Möhren und roten Paprika hineingeben. Zugedeckt unter gelegentlichem Rühren etwa 3 Minuten leise köcheln lassen, dann das restliche Gemüse hinzufügen. Das Gemüse gut im Öl wenden, dann zugedeckt 2–3 Minuten leicht weich garen.

3. Die Currypaste in eine Schüssel geben. Nach und nach die Kokosmilch zugießen und glatt rühren. Zum Gemüse gießen und verrühren.

4. Aufkochen, dann die Hitze reduzieren und das Curry 2–3 Minuten köcheln lassen, bis das Gemüse rundum gut aussieht und ausreichend weich ist.

5. Das Curry mit Salz und Pfeffer abschmecken, großzügig mit gezupftem Koriandergrün bestreuen und mit dem heißen Basmatireis servieren.

Marinierter Tofu mit Brokkolini und Tahini-Sauce

Einfach umwerfend: Vollkorn-Basmatireis, darüber zarte Brokkoliröschen und knusprig-gebrutzelter Tofu mit cremiger Tahini-Sauce, alles garniert mit gerösteten Haselnüssen und dem frischen Grün glatter Petersilie. Das hat eindeutig Wow-Faktor!

Für 4 Personen

Vegan

400 g Tofu, abgetropft, in Rechtecke geschnitten, nicht dicker als 6 mm

400 g Vollkorn-Basmatireis, abgespült

1 l kochendes Wasser

Salz

Olivenöl zum Braten

200 g Brokkolini (Bimi), geputzt (siehe Seite 172)

4 EL grob gehackte Haselnusskerne, geröstet, zum Servieren

4 EL gehackte glatte Petersilie zum Servieren

Für die Marinade und die Panade

3 EL Shoyu-Sojasauce

2 EL Apfelessig

1 EL Olivenöl

1 EL Ume Su (Umeboshi Würzsauce), falls erhältlich (siehe Seite 84)

¼ TL Salz

¼ TL frisch gemahlener weißer Pfeffer

4–5 EL Vollkornmehl

1 Prise Salz

Für die Tahini-Sauce

4 EL Tahini (Sesampaste)

1 Knoblauchzehe, zerdrückt

1–2 EL frisch gepresster Zitronensaft

1 Prise Salz

1. Für die Marinade Sojasauce, Apfelessig, Olivenöl, gegebenenfalls Ume Su, Salz und Pfeffer auf einem großen, tiefen Teller mischen. Die Tofustücke in die Marinade legen und darin 10–15 Minuten ziehen lassen, nach der Hälfte der Zeit wenden.

2. Inzwischen den Reis mit dem heißen Wasser und Salz in einen Topf geben, aufkochen, die Hitze reduzieren und den Reis 25 Minuten leise köcheln lassen, bis er das ganze Wasser aufgenommen hat und weich ist.

3. Für die Tahini-Sauce die Sesampaste mit Knoblauch, Zitronensaft und Salz in einer Schüssel nach und nach mit 4–5 EL Wasser zu einer cremigen Sauce verrühren. Beiseitestellen.

4. Zum Panieren der Tofustücke Mehl und Salz auf einem großen Teller mischen. Die Tofuscheiben aus der Marinade nehmen, gut abtropfen lassen und im Mehl wenden, Marinade aufbewahren.

5. In einer Pfanne etwas Öl erhitzen. Die Tofuscheiben darin bei relativ großer Hitze anbraten, bis sie auf einer Seite gebräunt sind, dann wenden.

6. Währenddessen in einem Topf etwa 1 cm hoch Salzwasser erhitzen und die Brokkolini darin zugedeckt 4–6 Minuten dünsten. Abgießen und warm halten.

7. Wenn der Tofu von beiden Seiten schön kross ist, aus der Pfanne nehmen. Die restliche Marinade aufwärmen.

8. Den gekochten Reis auf vier Teller verteilen. Die Brokkoli- und Tofustücke darüber häufen. Löffelweise Marinade und Tahini-Sauce darüber verteilen. Mit den gerösteten Haselnüssen und der gehackten Petersilie bestreut servieren.

Schnelle Masala Dosa mit Tomatensalsa

Eigentlich werden diese indischen Pfannkuchen aus einem Reis-Linsen-Püree zubereitet, das über Nacht fermentiert, und passen damit nicht in die 30-Minuten-Kategorie. Deshalb kommen hier Kichererbsen- und Weizenmehl mit Backpulver zum Einsatz. Wichtig für das Gelingen: Der Teig sollte wirklich dünn sein. Eine große beschichtete Pfanne verwenden, gleichmäßig einfetten und richtig heiß werden lassen. Der Teig muss durch Schwenken der Pfanne gut verteilt werden, von alleine tut er das nicht.

Für 4 große Pfannkuchen

Vegan

Für die Masala-Füllung

Salz

500 g vorwiegend festkochende Kartoffeln, geschält und in 2 cm große Würfel geschnitten

2 EL Olivenöl

1 TL Kreuzkümmelsamen

2 Zwiebeln, fein gehackt

1 TL frisch geriebener Ingwer

2 Knoblauchzehen, zerdrückt

1 grüne Chilischote, Samen entfernt und fein gehackt

½ TL gemahlene Kurkuma

2 EL gehacktes Koriandergrün

Für die Dosa

50 g Kichererbsenmehl

50 g Mehl

1 Msp. Backpulver

¼ TL Salz

2 TL schwarze oder braune Senfsamen (nach Belieben)

Olivenöl zum Braten

Für die Tomatensalsa

2 Tomaten, gehackt

1 kleine Zwiebel, gehackt

Saft von 1 Limette

Salz

1. Zunächst für die Füllung in einen Topf etwa 1 cm hoch Salzwasser füllen und aufkochen. Die Kartoffelwürfel darin zugedeckt weich garen.

2. Das Öl in einer Pfanne erhitzen, die Kreuzkümmelsamen hineingeben und einige Sekunden anbraten. Sobald sie aufplatzen, die Zwiebeln dazugeben und 5 Minuten anschwitzen. Dann Ingwer, Knoblauch, Chili, Kurkuma und 1 TL Salz hinzufügen und 5 Minuten mitbraten. Die warmen Kartoffelwürfel vorsichtig untermengen, beiseitestellen.

3. Für die Salsa die Tomaten mit Zwiebel, Limettensaft und etwas Salz vermischen. In eine kleine Schüssel umfüllen und beiseitestellen.

4. Für die Dosa das Kichererbsenmehl in eine Schüssel geben und etwaige Klümpchen auflösen, dann Mehl, Backpulver, Salz und gegebenenfalls Senfsamen dazugeben und nach und nach mit 250 ml kaltem Wasser zu einem dünnen Teig verrühren.

5. In einer großen beschichteten Pfanne 2 EL Olivenöl erhitzen. Etwas Teig hineingeben, dabei die Pfanne schwenken, damit sich der Teig gleichmäßig verteilt.

6. Den Pfannkuchen 1–2 Minuten backen, mit einem Pfannenwender anheben und kontrollieren, ob er schön goldbraun ist. Dann wenden und auf der zweiten Seite kurz backen. Noch 3 weitere Dosas backen.

7. Inzwischen die Kartoffelfüllung vorsichtig aufwärmen und das gehackte Koriandergrün einrühren.

8. Die Füllung auf die Dosas setzen, diese locker zusammenklappen und mit der Tomatensalsa servieren.

Gemüsecurry mit Bombay-Kartoffeln und Dal

Wenn meine Familie zahlreich über mich hereinbricht, angefangen von meinem zwei-jährigen Enkel bis zu meiner Tante in den Neunzigern, und ich möchte, dass alle satt und zufrieden sind, dann mache ich Folgendes: Drei verschiedene Currys aus einer einzigen Basis-Gewürzmischung. Es kommen eine Menge Töpfe zum Einsatz und man ist wirklich gut beschäftigt, aber es ist in 30 Minuten zu schaffen, wenn alles gut vorbereitet ist. Die Currys sind recht mild – für jeden Gaumen geeignet – können aber nach Belieben mit Chiliflocken noch etwas aufgepeppt werden.

Für 6 Personen
Vegan
Für die Basissauce

1 EL Olivenöl

2 Zwiebeln, fein gehackt

2 Knoblauchzehen, gehackt

2 EL frisch geriebener Ingwer

1 TL gemahlene Kurkuma

1 TL Paprikapulver

1 TL gemahlener Kreuzkümmel

1 TL Garam Masala

½–1 TL Cayennepfeffer

1 TL Salz

1 Dose stückige Tomaten (400 g)

Für das Dal

200 g rote Linsen

4 Knoblauchzehen,
   in Scheiben geschnitten

1 EL Olivenöl

1 TL schwarze oder braune
   Senfsamen

1. Zuerst für das Dal die Linsen mit 800 ml Wasser in einen tiefen Topf geben, aufkochen und 15–20 Minuten darin leise köchelnd garen.

2. Für die Basissauce das Öl in einem großen Topf erhitzen, Zwiebeln, Knoblauch und Ingwer hineingeben und etwa 5 Minuten braten, bis die Zwiebeln weich werden.

3. Inzwischen Kartoffeln und Blumenkohl in separaten Töpfen garen, die Kartoffeln gut mit Salzwasser bedeckt, den Blumenkohl in etwa 2 cm hoch Salzwasser. Beides zugedeckt leise köcheln lassen – der Blumenkohl braucht 8–10 Minuten, die Kartoffeln etwa 15 Minuten.

4. Währenddessen Kurkuma, Paprikapulver, Kreuz-kümmel, Garam Masala, Cayennepfeffer und Salz in die Basissauce geben und bei mittlerer Hitze kurz mit-dünsten, bis alles aromatisch duftet. Dann vom Herd nehmen und die Tomatenstücke sowie 400 ml Wasser dazugeben. Alles mit einem Stabmixer oder in einer Küchenmaschine sehr glatt pürieren. Die Mischung wieder aufwärmen und bei kleiner Hitze 15 Minuten leise köcheln lassen.

5. Kartoffeln und Blumenkohlröschen abgießen und wieder in ihre jeweiligen Töpfe geben. Jeweils ein Drittel der Basissauce zum Dal, zu den Kartoffeln und, gleichzeitig mit den Erbsen, zum Blumenkohl geben und jeweils gut unterrühren. Alle drei Currys wieder aufwärmen, mit Salz und Pfeffer abschmecken und bis zum Servieren warm stellen.

Für die Bombay-Kartoffeln

750 g vorwiegend festkochende Kartoffeln, geschält und in 1 cm große Würfel geschnitten

Salz

2–3 EL gehacktes Koriandergrün

Für das Gemüsecurry

1 mittelgroßer Blumenkohl, geputzt und in kleine Röschen zerteilt

Salz

150 g tiefgefrorene Erbsen, aufgetaut

2 Tomaten, gehackt

6. Für das Dal abschließend die Knoblauchscheiben im Öl einige Sekunden knusprig braun anbraten. Die Senfsamen einstreuen und einige Sekunden mitbraten, bis sie anfangen zu springen. Die Mischung brutzelnd auf das Dal geben.

7. Das gehackte Koriandergrün über die Bombay-Kartoffeln geben und die Blumenkohlröschen mit den gehackten Tomaten verzieren. Die drei Currys in separaten vorgewärmten Schüsseln servieren, aus denen die Gäste sich selbst bedienen können.

Tipp: Die Basissauce lässt sich hervorragend einfrieren. Sie können sie also gut schon im Voraus zubereiten. Die Sauce passt übrigens auch sehr gut zum Reis-Pilaw (siehe Seite 152)

Gefüllter Kürbis mit Walnüssen und Ziegenkäse

Sieht toll aus und schmeckt lecker. Am schönsten ist das Gericht – und am schnellsten geht es auch –, wenn man den festen »Hals« vom Butternusskürbis abschneidet. Sie könnten ihn bei dieser Gelegenheit gleich mitgaren und einfach etwas länger im Backofen lassen, dann lässt er sich später für ein anderes Gericht verwenden. Leicht gedünsteter Spinat passt hier sehr gut als Beilage.

Für 4 Personen

2 mittelgroße Butternusskürbisse, halbiert und entkernt, der »Hals« abgeschnitten

2 EL Olivenöl

150 g Vollkorn-Basmatireis und Wildreis gemischt, abgespült

Salz

1 große oder 2 mittelgroße rote Zwiebeln, in Ringe geschnitten

2 Knoblauchzehen, zerdrückt

1 EL frisch gepresster Zitronensaft

50 g Walnusskerne, grob gehackt

175 g Ziegenhartkäse, gewürfelt

frisch gemahlener schwarzer Pfeffer

1. Den Backofen auf 220 °C (Umluft 200 °C) vorheizen.

2. Die Kürbishälften innen und außen mit 1 EL Olivenöl einstreichen und leicht salzen. Mit der Schale nach unten in einen Bräter setzen und im Backofen etwa 25 Minuten backen, bis der Kürbis sich mit einem Messer leicht einstechen lässt.

3. In der Zwischenzeit die Füllung vorbereiten. Die Reismischung mit 250 ml Salzwasser zum Kochen bringen. Die Hitze reduzieren und den Reis zugedeckt 20–25 Minuten köcheln, bis er weich ist und das ganze Wasser aufgenommen hat

4. 1 EL Olivenöl in einem Topf erhitzen und die Zwiebelringe darin bei mittlerer Hitze 7–8 Minuten sanft anschwitzen. Dann den Knoblauch 1–2 Minuten mitbraten. Den Topf vom Herd nehmen.

5. Den gekochten Reis mit einer Gabel auflockern. Die gebratenen Zwiebeln und den Knoblauch, Zitronensaft, Walnusskerne und Ziegenkäse untermischen. Alles gut mit Salz und Pfeffer würzen.

6. Mit dieser Mischung die vier Kürbishälften füllen. Sofort servieren oder noch 5 Minuten in den Backofen stellen, damit der Ziegenkäse etwas schmilzt.

Rote Spitzpaprika gefüllt mit Artischockenherzen und Feta

Für mich sind Spitzpaprika der Inbegriff von Sommer und Sonne – und einfacher geht ihre Zubereitung kaum. Mit knusprigem Brot oder mit Couscous und einem grünen Salat steht so schnell ein Essen auf dem Tisch.

Für 4 Personen

4 rote Spitzpaprika, längs durch den Stielansatz halbiert, Samen und Scheidewände entfernt

200 g gegrillte und in Öl eingelegte Artischocken, abgetropft, das Öl aufbewahren

200 g Feta-Käse, grob zerkrümelt oder gewürfelt

300 g kleine Kirschtomaten, größere eventuell halbiert

24 schwarze Oliven, z. B. Kalamata

1 Handvoll frische Basilikumblätter, grob gezupft, zum Servieren

1. Den Backofen auf 230 °C (Umluft 210 °C) vorheizen.

2. Die Paprikaschoten nebeneinander in eine flache Auflaufform legen. Artischockenherzen, Feta, Kirschtomaten und Oliven auf den Paprikaschoten verteilen. Paprika im Backofen 15–20 Minuten backen, bis sie weich sind und die Füllung leicht gebräunt ist.

3. Mit frischem Basilikum bestreut servieren.

Mediterranes Grillgemüse mit Couscous, Hummus und Pinienkernen

Der Trick, dieses Gericht in 30 Minuten fertig auf dem Tisch zu haben, besteht in einer großen gusseisernen Grillpfanne. Im Grunde müsste man für 4 Personen sogar zwei davon haben. Aber es geht auch portionsweise, dann rechnet man einfach etwas mehr Zeit ein. So oder so – es lohnt sich: Ein farbenfrohes, sonnenverwöhntes Gericht und eines meiner Lieblingsrezepte unter den einfachen Mahlzeiten.

Für 4 Personen
Vegan

1 große Aubergine, der Länge nach in 8 mm dicke Scheiben geschnitten

1 rote Zwiebel, in Schnitze oder dicke Scheiben geschnitten

je 1 rote und gelbe Paprikaschote, Stielansatz, Samen und Scheidewände entfernt, in Rechtecke geschnitten

2 große Zucchini, in dicke Scheiben geschnitten

1–2 Bund grüner Spargel, die holzigen Enden abgebrochen

4 Tomaten, halbiert

Olivenöl

Für den Couscous

250 g Couscous

500 ml kochendes Wasser

Salz

glatte Petersilie, gehackt

Zum Servieren

Hummus, gekauft oder selbst gemacht (siehe Seite 59)

Pinienkerne, geröstet

glatte Petersilie, gehackt

Zitronenspalten

1. Den Backofen auf 150 °C (Umluft 130 °C) vorheizen, um das Gemüse nach dem Grillen warm zu halten.

2. Eine oder zwei Grillpfannen erhitzen. Bis auf die Paprikaschoten das Gemüse mit Öl einstreichen. Dazu am besten eine dünne Schicht Olivenöl auf eine große Platte geben und das Gemüse unmittelbar vor dem Grillen rundum darin wenden.

3. Die einzelnen Gemüsesorten entsprechend der Reihenfolge in der Zutatenliste garen, dabei jeweils so viel Gemüse wie möglich quer auf die Grillplatte legen, ohne dass sie sich überlappen. Wenn sich auf der einen Seite dunkelbraune Streifen zeigen, die Gemüsestücke wenden und die zweite Seite grillen. Gegrilltes Gemüse in eine Auflaufform setzen und im Backofen warm halten. So fortfahren, bis alle Gemüsestücke gegrillt sind.

4. Währenddessen den Couscous in eine Schüssel geben, mit dem kochendem Wasser übergießen und quellen lassen, bis er das ganze Wasser aufgenommen hat. Mit einer Gabel auflockern, salzen und mit der gehackten Petersilie bestreuen.

5. Das Gemüse auf vorgewärmten separaten Tellern oder einer großen Platte anrichten und zusammen mit Couscous, gerösteten Pinienkernen, gehackter Petersilie und Zitronenspalten servieren.

Gefüllte Weinbrand-Champignons

Dieses besondere Rezept wurde inspiriert durch das wunderbare Pilzgericht, das Rachel Demuth zu Weihnachten in ihrem zauberhaften vegetarischen Restaurant in Bath anbietet. Soll es richtig weihnachtlich werden, passt Rosenkohl ausgezeichnet dazu (siehe Seite 175). Meine hier vorgestellten Champignons thronen stolz auf Rösti. Das alles ist in 30 Minuten machbar, aber man benötigt dafür vier Metallringe (etwa 9 cm Durchmesser) für die Rösti sowie eine Pfanne, die groß genug für die vier Ringe ist.

Für 4 Personen
Vegan

4 große Portobello-Pilze

1 EL Olivenöl

2 EL Weinbrand (z. B. Brandy)

Salz und frisch gemahlener
   schwarzer Pfeffer

Für die Füllung

75 g Vollkorn-Basmatireis, abgespült

75 ml Rotwein

1 TL gekörnte Gemüsebrühe

1 EL Olivenöl

1 Zwiebel, gehackt

200 g Butternusskürbis, geschält,
   entkernt und 1 cm groß gewürfelt

2 Knoblauchzehen, zerdrückt

1 großer Zweig Rosmarin,
   Nadeln grob gehackt

2 Salbeiblätter, gehackt

1 Bund glatte Petersilie, gehackt

25 g Pinienkerne, geröstet

Salz und frisch gemahlener
   schwarzer Pfeffer

Für die Rösti

1 EL Olivenöl

800 g vorwiegend festkochende
   Kartoffeln, geschält, gerieben und
   möglichst gut ausgedrückt

Salz

Balsamico-Reduktion (siehe Tipp)

Fett für die Ringe

1. Den Backofen auf 220 °C (Umluft 200 °C) vorheizen.

2. Zunächst für die Füllung Reis, Rotwein, 75 ml Wasser und gekörnte Brühe in einen Topf geben, aufkochen und bei kleiner Hitze zugedeckt 20–25 Minuten garen, bis der Reis das ganze Wasser aufgenommen hat und weich ist.

3. Die Pilze mit dem Stiel nach oben in eine Auflaufform legen und mit 1 EL Olivenöl sowie dem Weinbrand beträufeln. Mit Salz und Pfeffer würzen, die Pilze locker mit Alufolie abdecken und im Backofen 20–25 Minuten garen.

4. Inzwischen für die Rösti das Olivenöl in einer großen Bratpfanne erhitzen. Vier innen gefettete Metallringe (etwa 9 cm Durchmesser) in die Pfanne setzen. Die geriebenen Kartoffeln salzen, auf die Ringe aufteilen und gut andrücken. In etwa 5 Minuten goldbraun braten. Dann vorsichtig die Ringe mit Inhalt wenden (je nach Ringform muss man die Kartoffelmasse nach dem Wenden evtl. nach unten schieben) und die zweite Seite in 5–10 Minuten bräunen.

5. Für die Füllung das Olivenöl in einem mittelgroßen Topf erhitzen, Zwiebel, Kürbis und Knoblauch hineingeben und zugedeckt bei kleiner Hitze 10 Minuten garen, bis die Kürbiswürfel gerade eben weich sind. Den Topf vom Herd nehmen.

6. Den gekochten Reis zur Kürbismischung geben, zusammen mit dem gehackten Rosmarin, dem Salbei, der Petersilie und der Hälfte der Pinienkerne. Mit Salz und Pfeffer abschmecken.

Fortsetzung nächste Seite

7. Zum Servieren jeweils ein Rösti auf einem Teller legen. Einen Pilz daraufsetzen und jeweils ein Viertel der Füllung daraufhäufen. Die restlichen Pinienkerne auf den Tellern verteilen. Geradezu professionell sieht es aus, wenn Sie rings um den Tellerrand etwas Balsamico-Reduktion träufeln, dann sofort servieren.

Tipp: Man kann Balsamico-Reduktion als Crema di Balsamico kaufen, sie ist aber auch sehr einfach herzustellen und dann naturbelassen. Denn man benötigt dafür nur Balsamessig und Ahornsirup (siehe Seite 64). Die Reduktion hält sich mehrere Wochen.

Knoblauch-Pilz-Spieße vom Grill

Knoblauchchampignons sind allgemein sehr beliebt. Als Spieße, die sowohl über Holzkohle als auch im Backofen gegrillt werden können, schmecken sie besonders köstlich. Vor allem, wenn man die herrlich saftigen, knoblauchwürzigen Pilze in Vollkorn-Pitabrot oder warmes Ciabatta füllt und einfach aus der Hand isst.

Für 8 Spieße
Vegan

500 g junge Champignons
(etwa 80 Stück)

glatte Petersilie, grob gehackt,
zum Servieren

Für die Knoblauch-Olivenöl-Paste

2 EL zerdrückter Knoblauch –
oder fertige Knoblauchpaste,
um Zeit zu sparen

4 EL Olivenöl

2 EL frisch gepresster Zitronensaft

½ TL Meersalz

1. Den Backofengrill vorheizen. Die Pilze möglichst dicht auf Spieße stecken, weil sie während des Garens etwas schrumpfen.

2. Für die Paste alle Zutaten mischen und anschließend die Pilze damit einstreichen.

3. Die Pilzspieße auf dem Holzkohlengrill oder unter dem Backofengrill etwa 10 Minuten goldbraun grillen.

4. Mit Petersilie bestreuen und sofort servieren.

Gefüllte Ofen-Avocados

Ein gehaltvolles, aber einfach grandioses Gericht mit abwechslungsreichen Aromen. Wichtig ist hierbei, gerade eben reife Avocados zu verwenden und sie nur so lange zu backen, bis sie gut erhitzt sind. So kann von ihrem zarten Geschmack am wenigsten verloren gehen. Reichen Sie zu den Ofen-Avocados eine frische und einfache Beilage, beispielsweise kurz gedünsteten Spinat.

Für 4 Personen

Vegan

2 große reife Avocados

4 Frühlingszwiebeln, gehackt

1 TL Currypulver

60 g gesalzene Macadamia- oder Cashewkerne

100 g Cheddar, gewürfelt

Salz und frisch gemahlener schwarzer Pfeffer

4 EL Parmesan, frisch gerieben

1. Den Backofen auf 220 °C (Umluft 200 °C) vorheizen.

2. Die Avocados halbieren, den Kern herausnehmen und das Fruchtfleisch mit einem Teelöffel vorsichtig herauslösen, damit die Schale nicht beschädigt wird. Das Fruchtfleisch grob würfeln.

3. Die gehackte Frühlingszwiebel mit dem Currypulver, den Nüssen und dem Cheddar zum Avocadofleisch geben. Mit Salz und Pfeffer würzen.

4. Die Mischung zurück in die Avocadohälften füllen. Den Parmesan darüberstreuen und die Avocados ohne Deckel in eine flache Auflaufform setzen. Im Backofen 10–15 Minuten backen, bis die Avocados richtig heiß und oben goldbraun sind. Sofort servieren.

Halloumi-Paprika-Spieße vom Grill mit Kräuter-Couscous

Ob über Holzkohle oder in der Küche im Backofen gegrillt – diese bunten Spieße lassen Sommerstimmung aufkommen! Die Marinade sorgt für genau den richtigen Grad an scharf-süßer Note. Anstelle des Kräuter-Couscous können Sie die Spieße auch in Pitataschen servieren.

Für 8 Spieße

je 2 rote und gelbe Paprikaschoten, Stielansatz, Samen und Scheidewände entfernt, in Stücke geschnitten

32 frische Lorbeerblätter

500 g Halloumi-Käse, in 40 Stücke geschnitten

Für die Marinade

4 EL Tomatenketchup

2 EL Honig

4 Knoblauchzehen, zerdrückt

2 EL Olivenöl

2 EL Shoyu-Sojasauce

1 EL Weinessig

Für den Kräuter-Couscous

500 ml Gemüsebrühe

250 g Couscous

1 EL Olivenöl

4 EL gehackte frische Kräuter

Salz und frisch gemahlener schwarzer Pfeffer

4 Zitronenspalten zum Servieren

1. Für die Spieße abwechselnd rote und gelbe Paprikastücke, Lorbeerblätter und Halloumi-Stücke aufspießen. Die Spieße nebeneinander in ein flaches Gefäß, z. B. eine Auflaufform, geben.

2. Für die Marinade alle Zutaten gründlich mischen. Über die Spieße gießen und diese dann darin wenden, damit sich die Marinade überall gut verteilt. Bis etwa 10 Minuten vor dem Grillen beiseitestellen.

3. In der Zwischenzeit den Couscous vorbereiten. Die Brühe aufkochen und den Couscous sowie das Olivenöl hineingeben. Vom Herd nehmen und zugedeckt 10–15 Minuten quellen lassen.

4. Etwa 10 Minuten vor dem Essen die Spieße auf einem feinmaschigen Rost unter den Backofengrill oder auf den Holzkohlengrill legen. Auf einer Seite etwa 5 Minuten grillen, dann wenden und auf der zweiten Seite garen, bis der Käse goldbraun ist und die Paprikaschoten an manchen Stellen leicht verkohlt sind.

5. Die Kräuter mit einer Gabel vorsichtig unter den Couscous rühren. Mit Salz und Pfeffer würzen und mit den Spießen servieren. Dazu Zitronenspalten reichen.

Die vegane Variante: Mit dieser süßlich-kräftigen Marinade können Sie statt Halloumi genauso gut Tofu marinieren, er nimmt die Aromen wunderbar auf und schmeckt großartig. Anstelle des Honigs kann man in der Marinade auch Ahorn- oder Reissirup verwenden.

Sahnige Lauchtarte

Eine tolle Kombination: Knuspriger, nussiger Vollkornteig, seidig-cremiger Lauch und dazu die Würze von Kapern. Eine herkömmliche Springform (20 cm Durchmesser, 3 cm hoher Rand) hat sich hier bestens bewährt. Ich habe gerne selbst gemachten Teig – das geht wirklich schnell und einfach. Aber genauso gut können Sie gekauften Mürbeteig verwenden. Reichen Sie dazu Salat und kleine Frühkartoffeln, oder, wenn es gehaltvoller sein soll, Kartoffelpüree.

Für 4 Personen

2 EL Olivenöl

500 g dünne Lauchstangen, geputzt und in Scheiben geschnitten

1 EL Speisestärke

250 g Sahne

1 TL Dijonsenf

3 EL Kapern, abgespült und abgetropft

Salz und frisch gemahlener schwarzer Pfeffer

4–5 Kapernäpfel zum Servieren

Für den Teig

200 g Dinkelmehl

½ TL Salz

8 EL kalt gepresstes Rapsöl

1. Den Backofen auf 220 °C (Umluft 200 °C) vorheizen.

2. Das Öl in einem Topf erhitzen, den Lauch hineingeben und zugedeckt bei kleiner Hitze 7–10 Minuten weich dünsten, ohne zu bräunen.

3. Inzwischen für den Teig Mehl und Salz in eine Schüssel geben, das Öl und 2 EL Wasser zugießen und alles vorsichtig zuerst mit einer Gabel und dann mit den Händen zu einem festen Teig verkneten.

4. Aus dem Teig eine Kugel formen und auf ein Stück Frischhaltefolie legen. Mit der Handfläche flach drücken und eine zweite Folie darüberlegen. Den Teig dazwischen ausrollen, dabei ab und zu die Richtung ändern, damit der Teig gut in die runde Kuchenform passt.

5. Die obere Folie abnehmen, den Teig in die Form stürzen und gut andrücken. Die zweite Folie abziehen, überstehende Teigränder abschneiden und den Boden mit einer Gabel mehrmals einstechen. Im Backofen in 6–8 Minuten knusprig und hellbraun backen.

6. Inzwischen den Belag fertigstellen. In einer kleinen Schüssel die Speisestärke mit wenig Sahne zu einer glatten Paste verrühren. Die restliche Sahne aufkochen, in die Schüssel mit der Speisestärke gießen, verrühren und wieder in den Topf geben. Bei kleiner Hitze 1–2 Minuten unter Rühren eindicken lassen. Senf und Kapern unterrühren und die Sauce mit Salz und Pfeffer abschmecken.

7. Die gedünsteten Lauchringe abtropfen lassen und vorsichtig mit der Sahnemischung mischen, ein paar Lauchstücke ganz lassen.

8. Die Lauch-Sahne-Mischung löffelweise in die Kuchenform geben und die Tarte im Backofen noch 4–5 Minuten leicht braun überbacken. Die Kapernäpfel als Verzierung darüber verteilen und servieren.

Tipp: Reste lassen sich wunderbar aufwärmen, aber die Tarte schmeckt genauso gut kalt. Außerdem können Sie sie auch gut einfrieren. Vor dem Essen einfach auftauen und aufwärmen.

Die vegane Variante: Als milchfreie Version lässt sich dieses Rezept köstlich mit veganer Sahne zubereiten.

Gratin Dauphinois

In der Regel braucht ein Kartoffelgratin mindestens 1 Stunde im Ofen, wenn nicht sogar länger. Es geht aber auch in gerade mal 30 Minuten, wenn man die Kartoffelscheiben vorher in Wasser gart, sie mit Sahne in eine Form schichtet und dann etwa 15 Minuten überbäckt. Perfekt, wenn Sie einmal rasch etwas Besonderes und Wohltuendes zubereiten wollen. Und genauso gut geht es auch vegan. Mit grünem Salat servieren, beispielsweise dem Spinatsalat mit Apfel, Sellerie und Haselnüssen (siehe Seite 164) oder mit Butterspinat oder grünen Bohnen und gegrillten Tomaten.

Für 4 Personen
Salz

1,3 kg festkochende Kartoffeln, geschält und in max. 5 mm feine Scheiben geschnitten

4 EL Olivenöl

300 g Sahne

2 große Knoblauchzehen, zerdrückt

Muskatnus, frisch gerieben

frisch gemahlener schwarzer Pfeffer

1. In einen weiten Topf etwa 1 cm hoch Salzwasser füllen und aufkochen. Die Kartoffelscheiben darin zugedeckt 7–10 Minuten garen, bis man sie mit einer Messerspitze einstechen kann.

2. Das Wasser abgießen. 2 EL Öl, Sahne, Knoblauch, Muskat und ordentlich Salz und Pfeffer dazugeben und alles vorsichtig mit den Kartoffelscheiben mischen.

3. Den Backofengrill vorheizen. Eine flache, ofenfeste Auflaufform mit etwas Öl einstreichen. Die Kartoffelscheiben gleichmäßig einschichten. Das restliche Öl darüberträufeln.

4. Das Gratin etwa 15 Minuten unter dem Backofengrill überbacken, bis es eine schöne, goldbraune Kruste hat.

Die vegane Variante: Überzeugend lecker wird die vegane Version mit 275 g Sojasahne statt der Sahne.

Tarteletts mit roten Zwiebeln

Diese leckeren Törtchen mit roten Zwiebeln sind in gerade mal 30 Minuten fertig, sogar inklusive Teig. Ich mache gerne meinen eigenen Teig aus Vollkorn-Dinkelmehl und kalt gepresstem Rapsöl, aber genauso gut können Sie gekauften Mürbeteig verwenden. Man benötigt vier kleine runde Backformen (etwa 10 cm Durchmesser) oder eine große, flache Kuchenform (etwa 20 cm Durchmesser) für einen größeren Zwiebelkuchen. Schmeckt lecker als Vorspeise mit einem kleinen Salat oder als Hauptgericht mit kleinen Frühkartoffeln oder Kartoffelpüree und grünen Bohnen oder einem schönen Salat.

Für 4 Personen

1 EL Olivenöl

500 g rote Zwiebeln,
   in feine Ringe geschnitten

1 EL Balsamessig

Salz

100 g Ziegenhartkäse, gehobelt

Für den Teig

200 g Dinkelmehl

½ TL Salz

8 EL kalt gepresstes Rapsöl

einige Zweige Rosmarin
   zum Servieren

1. Den Backofen auf 220 °C (Umluft 200 °C) vorheizen.

2. Zunächst die Zwiebeln vorbereiten: Das Öl in einem Topf erhitzen, die Zwiebeln dazugeben und zugedeckt etwa 15 Minuten leise köcheln lassen, dabei gelegentlich umrühren. Dann den Balsamessig angießen und alles salzen. Warm halten.

3. Inzwischen für den Teig Mehl und Salz in eine Schüssel geben, Öl und 2 EL Wasser zugießen und alles zuerst vorsichtig mit einer Gabel vermischen. Dann mit den Händen zu einem festen Teig verkneten.

4. Den Teig in vier gleich große Teile aufteilen und jeweils zu einer Kugel formen. Jede Kugel zwischen zwei Stücken Frischhaltefolie ausrollen, dabei ab und zu die Richtung ändern und den Teig so dünn wie möglich ausrollen – das geht sehr gut mit der Frischhaltefolie.

5. Die obere Folie abziehen, den Teig in eine Backform stürzen und gut andrücken. Die zweite Folie abziehen, überstehende Teigränder abschneiden und den Boden mit einer Gabel mehrmals einstechen. Die drei übrigen Tarteletts ebenso vorbereiten. Im Backofen in 6–8 Minuten knusprig und hellbraun backen. Dann den Backofen auf Grillstufe schalten.

6. Die Balsamzwiebeln auf die Förmchen verteilen, mit Ziegenkäse bestreuen und im Backofen etwa 5 Minuten überbacken, bis der Käse geschmolzen und hellbraun ist. Mit Rosmarin servieren.

Spinat-Tagliatelle mit Walnüssen

Ein sättigendes Nudelgericht, zu dem ein schlichter Salat als Beilage völlig ausreicht: Vielleicht bevorzugen Sie einen frischen Tomaten-Basilikum-Salat oder einen Eichblattsalat mit leichtem Dressing.

Für 4 Personen

Salz

25 g Butter

1 große Zwiebel, gehackt

2 Knoblauchzehen, zerdrückt

300 g Sahne

400 g grüne Bandnudeln
   (tagliatelle con spinaci)

50–75 g Walnusskerne, gehackt

frisch gemahlener schwarzer Pfeffer

1. Zunächst für die Nudeln 2 l Salzwasser in einem großen Topf zum Kochen bringen.

2. Dann für die Sauce die Butter in einem kleinen Topf zerlassen, die Zwiebeln hineingeben und darin zugedeckt 10 Minuten sanft anschwitzen, aber nicht bräunen. Den Knoblauch unterrühren, 1–2 Minuten mitdünsten und dann die Sahne dazugeben. Alles etwa 10 Minuten leise köcheln lassen, bis die Sahne etwas eindickt. Dann kräftig mit Salz und Pfeffer würzen.

3. Wenn das Wasser kocht, die Bandnudeln in den Topf geben und ohne Deckel sprudelnd in etwa 8 Minuten bissfest garen.

4. Die Nudeln in ein Sieb abgießen und wieder in den warmen Topf geben. Die Sauce und den größten Teil der Walnusskerne dazugeben und alles gut mischen. Auf vorgewärmten Tellern mit den restlichen Walnusskernen bestreut servieren.

Sahnige Waldpilze mit Kartoffel-Sellerie-Püree

Hat man das große Glück, wirklich selbst gesammelte Waldpilze zu bekommen, dann ist hier ein wunderbares Rezept dafür. Aber Sie können auch improvisieren: Manchmal findet man im Supermarkt gemischte Waldpilze oder mischt einfach verschiedene Zuchtpilze: Austernpilze, Egerlinge, Shiitakepilze, Enokipilze (die kleinen büschelig wachsenden Samtfußrüblinge). Zur Herstellung der hübschen Blätter empfehle ich fertigen Butterblätterteig. Reste davon können Sie später weiterverwenden. Schneller geht es natürlich, wenn Sie einfach ein knuspriges, warmes Knoblauchbrot anstelle der Teigblätter und einen grünen Salat zu den Pilzen reichen.

Für 4 Personen

40 g Butter

1 kg Waldpilze, geputzt und je nach Größe in Scheiben geschnitten, mit Küchenpapier abgetupft

3 Knoblauchzehen, zerdrückt

1 TL Speisestärke

120 g Sahne

etwas frisch gepresster Zitronensaft

1 Prise Cayennepfeffer

Salz und frisch gemahlener schwarzer Pfeffer

glatte Petersilie, gehackt

Für das Püree

750 g Kartoffeln, geschält und in Würfel geschnitten

350 g Knollensellerie, geschält und in Würfel geschnitten

Salz

25 g Butter

3–4 EL Sahne

frisch gemahlener schwarzer Pfeffer

Für die Teigblätter

1 Packung Blätterteig

1. Den Backofen auf 200 °C (Umluft 180 °C) vorheizen.

2. Zunächst für das Püree die Kartoffeln und den Knollensellerie in einem großen Topf gerade eben mit Salzwasser bedecken. Aufkochen und zugedeckt 15–20 Minuten leise köcheln, bis beides weich ist.

3. In der Zwischenzeit für die Pilze die Butter in einem Topf zerlassen, die Pilze sowie den Knoblauch hineingeben und bei mittlerer Hitze ohne Deckel 5–10 Minuten garen. Sollten die Pilze sehr viel Flüssigkeit absondern, bitte den Tipp auf der nächsten Seite beachten.

4. Den Blätterteig in der gewünschten Form ausschneiden oder ausstechen. Die Teigstücke auf ein Backblech legen und nach Packungsanweisung im Backofen backen, bis sie goldbraun aufgegangen sind.

5. Die gegarten Kartoffel- und Selleriewürfel abgießen (den Kochsud aufbewahren) und sorgfältig zerstampfen (mit der Hand oder einem Passiergerät). Wieder in den warmen Topf geben und unter Rühren die Butter, etwas aufbewahrten Kochsud und so viel Sahne dazugeben, dass eine leichte, glatte Mischung entsteht. Mit Salz und Pfeffer abschmecken.

6. Dann die Pilze fertigstellen: Die Speisestärke über die Pilze streuen, die Sahne zugießen und unter Rühren erhitzen, bis die Mischung eindickt. Vom Herd nehmen, 1 Spritzer Zitronensaft dazugeben und mit etwas Cayennepfeffer, Salz und Pfeffer würzen.

Fortsetzung nächste Seite

7. Die Waldpilze mit gehackter Petersilie bestreuen und mit den Blätterteig-Formen sowie dem Kartoffel-Sellerie-Püree servieren.

Tipp: Manchmal geben Pilze beim Kochen viel Flüssigkeit ab. Dann sollte man sie noch bis zu 20 Minuten weiterkochen, bis alles verkocht ist. Oder man gießt die Pilze ab und beginnt noch einmal mit einer sauberen Pfanne und weiterer Butter.

Die vegane Variante: Olivenöl statt Butter (3 EL für die Pilze, 2 EL für das Püree), Sojasahne anstelle der Sahne und Blätterteig mit Pflanzenfett verwenden.

Pappardelle mit Waldpilzen

Extrabreite Bandnudeln kombiniert mit köstlichen selbst gesammelten Waldpilzen: Pure Glückseligkeit auf dem Teller! Waldpilze sind heute in Supermärkten leicht zu bekommen, entweder als fertige Mischung oder man macht seine eigene Mischung aus ein paar Egerlingen und einigen getrockneten Morcheln oder Steinpilzen. Getrocknete Pilze nach Packungsanweisung vorbereiten, bevor sie zu den anderen gegeben werden.

Für 4 Personen

3 EL Olivenöl

etwa 400 g Waldpilze, geputzt und
    evtl. in Scheiben geschnitten

1 Knoblauchzehe, fein gehackt

Salz und frisch gemahlener
    schwarzer Pfeffer

400 g Pappardelle
    (breite Bandnudeln)

1 guter Stich Butter

1 kleines Bund glatte Petersilie,
    gehackt

Parmesan, frisch gerieben,
    zum Servieren (nach Belieben)

1. Das Olivenöl erhitzen. Die Pilze dazugeben und ohne Deckel unter gelegentlichem Rühren etwa 5 Minuten garen. Knoblauch dazugeben und alles mit Salz und schwarzem Pfeffer würzen.

2. Inzwischen die Nudeln in reichlich kochendem Salzwasser nach Packungsanweisung bissfest kochen. Abgießen (nicht zu gründlich) und zurück in den warmen Topf geben. Pilze, Butter und Petersilie dazugeben und bei mittlerer Hitze kurz garen, bis die Butter geschmolzen und die Mischung heiß ist. Abschmecken und nach Belieben mit Parmesan servieren.

Die vegane Variante: Statt Butter vor dem Servieren etwas zusätzliches Olivenöl zu den Nudeln geben und den Käse weglassen.

Waldpilzrisotto

Hier spielen getrocknete Steinpilze die Hauptrolle. Sie sind in jedem Supermarkt leicht zu finden und verleihen diesem Risotto einen intensiven Pilzgeschmack. An frischen Pilzen eignen sich am besten Waldegerlinge, wenn sie zu finden sind. Sie sind sehr geschmacksintensiv, bleiben beim Kochen fest und geben nicht viel Wasser ab.

Für 4 Personen

10 g getrocknete Steinpilze

1 Lorbeerblatt

1,5 l kochendes Wasser

1 TL gekörnte Gemüsebrühe

3 EL Olivenöl

50 g Butter

1 Zwiebel, gehackt

350 g Waldegerlinge, geputzt

2 Knoblauchzehen, zerdrückt

350 g Risottoreis

Salz und frisch gemahlener
   schwarzer Pfeffer

glatte Petersilie, gehackt

50 g Parmesan, fein gehobelt

1. Die Steinpilze mit dem Lorbeerblatt, dem kochenden Wasser und der gekörnten Gemüsebrühe in einen Topf geben. Bei sehr kleiner Hitze ziehen lassen und währenddessen die übrigen Zutaten vorbereiten.

2. In einem größeren Topf das Olivenöl und die Hälfte der Butter erhitzen. Die Zwiebel hineingeben und zugedeckt 5 Minuten anschwitzen, ohne sie zu bräunen.

3. Die Waldegerlinge mit dem Knoblauch und dem Risottoreis zu den Zwiebeln geben und 2–3 Minuten unter Rühren glasig anschwitzen.

4. Einen Schöpflöffel kochend heiße Pilzbrühe dazugeben und unterrühren. Sobald die Flüssigkeit eingekocht ist, nochmals Brühe angießen und unterrühren. Die Pilzbrühe weiter auf dem Herd lassen und löffelweise zum Risotto gießen, sobald der letzte Löffel vom Reis aufgenommen worden ist. Den Risotto immer wieder gut umrühren.

5. Die Steinpilze mit einem Schaumlöffel aus dem Topf nehmen, zerkleinern und zum Risotto geben. Keine Brühe mehr angießen, sobald der Reis weich, aber noch bissfest ist. Das dauert etwa 20 Minuten, vermutlich ist bis dahin die Brühe aufgebraucht.

6. Die restliche Butter einrühren und den Risotto mit Salz und Pfeffer abschmecken. Mit Petersilie bestreuen, Parmesan darüberhobeln und sofort servieren.

Gegrillte Zucchini und Paprika mit Reis

Die Idee hierzu kam mir durch die Reisgerichte, wie man sie in den *Fresh Restaurants* in Toronto bekommt: Reis mit allen möglichen herrlichen Zutaten, leckeren Dressings und Garnituren. In diesem Rezept werden hausgemachter Hummus, dicke gegrillte Zucchinischeiben und knackige Grillpaprikastücke über Vollkorn-Basmatireis aufgetürmt. Darüber träufelt man Soja-Ingwer-Dressing und Knoblauch-Sonnenblumenkern-Paste und rundet alles mit gerösteten Sonnenblumenkernen und Koriandergrün ab. Der Fantasie sind bei der Kombination von Gemüsesorten, Sauce und Garnitur keinerlei Grenzen gesetzt.

Für 4 Personen

Vegan

400 g Vollkorn-Basmatireis, abgespült

Salz

2 rote Paprikaschoten, Stielansatz, Samen und Scheidewände entfernt

4 dicke Zucchini (à etwa 225 g), schräg in etwa 1 cm dicke Scheiben geschnitten

Olivenöl

Hummus (siehe Seite 59)

4 EL Sonnenblumenkerne zum Servieren

1 kleines Bund Koriandergrün, Blätter abgezupft, zum Servieren

Für das Ingwer-Soja-Dressing

1 EL frisch geriebener Ingwer

3 EL geröstetes Sesamöl

4 EL Shoyu-Sojasauce

4 EL frisch gepresster Zitronensaft

1. Den Vollkorn-Reis mit 1 l Salzwasser zum Kochen bringen, die Hitze reduzieren und den Reis 25 Minuten leise köcheln lassen, bis er das ganze Wasser aufgenommen hat und weich ist.

2. Jede Paprikaschote in etwa acht flache, nicht zu gleichmäßige Stücke schneiden. Die Paprikastücke mit der Haut nach oben nebeneinander auf ein Backblech setzen und etwa 10 Minuten im Backofen grillen, bis die Haut braun wird und spannt. Beiseitestellen.

3. Eine Grillpfanne erhitzen, die Zucchinischeiben auf beiden Seiten leicht mit Olivenöl einstreichen. Sobald die Grillpfanne richtig heiß ist, einige Zucchinischeiben hineingeben und darin 3–4 Minuten braten, bis sie auf der Unterseite dunkelbraun gestreift sind, dann wenden. Die fertigen Scheiben beiseitestellen oder im Backofen warm halten. Die übrigen Scheiben ebenso braten.

4. Währenddessen den Hummus (siehe Seite 59) und die Saucen vorbereiten.

5. Für das Ingwer-Soja-Dressing alle Zutaten in einen kleinen Topf geben, aufkochen und 4–5 Minuten köcheln. Vom Herd nehmen und beiseitestellen.

Fortsetzung nächste Seite

Für die Sonnenblumenkernpaste

100 g Sonnenblumenkerne
   (ungeröstet)

1 Knoblauchzehe, zerdrückt

3 EL frisch gepresster Zitronensaft

Salz

6. Für die Paste Sonnenblumenkerne, Knoblauch, Zitronensaft und 200–250 ml Wasser mit einem Küchenmixer oder einem Stabmixer zu einer glatten Paste pürieren. Je stärker der Mixer, desto glatter und cremiger das Ergebnis. Mit Salz würzen.

7. Den gekochten Reis auf vier Teller verteilen. Mitten auf den Reis die Zucchinischeiben, die Paprikaschoten und den Hummus häufen. Ingwer-Soja-Dressing und Sonnenblumenkernpaste darüber verteilen und alles mit Sonnenblumenkernen und einigen frischen Korianderblättchen bestreuen. Oder jeder bedient sich selbst!

Mandel-Pekannuss-Braten mit Sherrysauce

Dieses Rezept habe ich mir überlegt, als mich ein Leser nach einem Rezept für Nussbraten fragte, der im Küchenmixer zubereitet werden kann und in 30 Minuten fertig ist. Wenn man sich gut organisiert, bleibt sogar Zeit für Bircher-Kartoffeln (siehe Seite 188) und Rosenkohl mit Senf-Ahornsirup-Glasur und Szechuanpfeffer (siehe Seite 175). Eine echte Herausforderung, aber die Sache ist es wert.

Für 4 Personen

Vegan

100 g Pekannusskerne

100 g Mandeln

100 g Vollkornbrot

1 mittelgroße Zwiebel, in Stücke geschnitten

1 Selleriestange, grob gehackt

1 mittelgroße Möhre, geschält und grob gehackt

2 Knoblauchzehen

2 TL gemischte getrocknete Kräuter

4 TL Shoyu-Sojasauce

Salz

2 EL Olivenöl

2 EL Semmelbrösel

Für die Sherrysauce

1 TL gekörnte Gemüsebrühe

3 EL Shoyu-Sojasauce

1½ EL rote Johannisbeergelee

1 EL Speisestärke

1½ EL frisch gepresster Orangensaft

1½ EL Sherry

1. Den Backofen auf 180 °C (Umluft 160 °C) vorheizen. Eine Auflaufform im Backofen heiß werden lassen.

2. Die Zutaten für den Nussbraten bis einschließlich der Shoyu-Sojasauce in einem Küchenmixer oder mit einem Stabmixer zu einer pastetenartigen Konsistenz verarbeiten. Mit etwas Salz würzen.

3. Das Olivenöl in der Auflaufform verteilen und diese wieder in den Backofen stellen.

4. Die Semmelbrösel auf ein Brett streuen und die Nussmischung daraufgeben. Aus der Masse einen Block formen (etwa 5 cm hoch) und rundum in den Semmelbröseln wenden.

5. Den Nussbraten in dem Öl in der Auflaufform rundum wenden. In den Backofen schieben und etwa 25 Minuten goldbraun und knusprig backen. Nach jeweils etwa 10 Minuten umdrehen, damit er gleichmäßig bräunt.

6. Währenddessen für die Sauce in einem Topf 600 ml Wasser mit gekörnter Brühe, Sojasauce und Johannisbeergelee zum Kochen bringen. Die Speisestärke mit Orangensaft und Sherry verrühren. Etwas von der heißen Flüssigkeit in die Speisestärkemischung einrühren und diese in den Topf zugießen. Gut verrühren und bei kleiner Hitze eindicken lassen.

7. Den in Scheiben geschnittenen Nussbraten mit Sauce, Bircher-Kartoffeln, die gleichzeitig mit dem Braten im Backofen garen können, und etwas Gemüse servieren.

Bulgur-Pilaw mit Orange

Farbenfroh und mit herrlich sommerlichen Aromen … schmeckt wunderbar als leichtes Mittagessen mit einem frischen Blattsalat, beispielsweise knackigen Romanasalatherzen. Schneiden Sie die Fenchelknollen so, als wollten Sie sie vierteln oder achteln. Allerdings nicht ganz durchschneiden, sondern nur bis zum Strunk – je dünner die einzelnen Stücke sind, desto besser, damit sie rasch garen.

Für 4 Personen
Vegan

2 rote Zwiebeln, in Ringe geschnitten

2 mittelgroße Fenchelknollen, trockene Teile und Fasern an den Außenseiten abgeschnitten, jede Knolle von oben nach unten in schmale Streifen geschnitten, ohne diese vom Strunk zu lösen

2 EL Olivenöl

300 g Bulgur

Schale von 2 Bio-Orangen, abgerieben oder mit einem Zestenreißer in feine Streifen geschnitten

Saft von 2 Orangen, mit Wasser auf 600 ml aufgefüllt

je 1 Handvoll grüne und schwarze (Kalamata-)Oliven (etwa 40 g)

1 kleine Handvoll geröstete und gesalzene Mandeln (etwa 50 g), in Stifte geschnitten

Salz und frisch gemahlener schwarzer Pfeffer

glatte Petersilie, grob gehackt, zum Servieren

1. Die Zwiebeln und den Fenchel im Öl 10 Minuten anbraten, bis sich beides mit einer Messerspitze einstechen lässt. Den Bulgur mit der Orangenschale und der Orangensaft-Wasser-Mischung einrühren.

2. Aufkochen, die Hitze reduzieren und alles zugedeckt etwa 15 Minuten ziehen lassen, bis der Bulgur gut aufgequollen und weich ist.

3. Oliven und Mandelstifte untermischen und den Pilaw mit Salz und Pfeffer abschmecken. Zum Servieren grob gehackte glatte Petersilie darüberstreuen .

Orientalischer Reis-Pilaw

Dieses Rezept hat für mich etwas Feierliches. Es steckt voller knackiger Nüsse, Gewürze und Trockenfrüchte. Die Zutatenliste ist also lang, aber es ist einfach zuzubereiten und wird in einer großen flachen Schale oder auf einem flachen Teller serviert – ein toller Blickfang. Auf den Tisch kommt das Reis-Pilaw mit einer Schale Granatapfel-Raita, ein paar schönen Salaten und Dips, jeder bedient sich selbst.

Für 4–6 Personen

300 g weißer Basmatireis, gründlich gespült

Salz

¼ TL gemahlene Kurkuma

2 EL Olivenöl

1 Zwiebel, in Scheiben geschnitten

125 g Mandelblättchen

50 g Pinienkerne

3 Knoblauchzehen, zerdrückt

1 EL Kreuzkümmelsamen

25 g Kürbiskerne

25 g Pistazienkerne

1 EL Mohn

50 g Rosinen, eingeweicht

50 g getrocknete Cranberrys

etwas frisch gepresster Zitronensaft

frisch gemahlener schwarzer Pfeffer

3 EL grob gehacktes Koriandergrün

Für die Granatapfel-Raita

300 g Vollmilchjoghurt

Kerne von 1 Granatapfel (siehe Tipp)

1. Den vom Waschen noch feuchten Reis mit 400 ml Salzwasser und Kurkuma in einen Topf mit schwerem Boden geben. Aufkochen und zugedeckt bei kleiner Hitze leise köcheln. Einen Küchenwecker auf 14 Minuten stellen. Dann den Topf sofort vom Herd nehmen, ohne den Deckel abzunehmen (das ist wichtig!), und weitere 8 Minuten in der Nachhitze ziehen lassen. Diese Methode hat mir Nadine Abensur gezeigt, der Reis wird jedes Mal perfekt trocken und kein Korn klebt am anderen, vorausgesetzt, man hält sich genau daran.

2. Währenddessen das Öl erhitzen, die Zwiebel hineingeben und zugedeckt 10 Minuten darin anschwitzen, ohne sie zu bräunen. Mandelblättchen und Pinienkerne dazugeben und etwa 5 Minuten rühren, bis sie goldbraun sind und zu duften beginnen. Knoblauch, Kreuzkümmelsamen, Kürbiskerne, Pistazienkerne, Mohn, Rosinen und Cranberrys hinzufügen. 1–2 Minuten mitbraten, dann beiseitestellen.

3. Für die Granatapfel-Raita den Joghurt mit den Granatapfelkernen zu einer erfrischend säuerlichen Mischung verrühren.

4. Den gegarten Reis vorsichtig mit einer Gabel auflockern und etwas Zitronensaft dazugeben. Dadurch erhält er eine schöne gelbliche Farbe.

5. Den Reis vorsichtig mit der Nussmischung verrühren und mit Salz und Pfeffer abschmecken. Mit Koriandergrün bestreuen und in einer vorgewärmten Schale servieren. Die Raita separat dazu reichen.

Tipp: Zum Lösen der Kerne den Granatapfel quer halbieren. Eine Hälfte mit der Schnittfläche nach unten über eine Schüssel halten und mit einem Holzlöffel außen auf die Schale klopfen, sodass die Kerne herausfallen.

Mediterraner Gemüsestrudel

Knusprig-goldener Filoteig, gefüllt mit verschiedenen Schichten aus Cashewkernen und Champignons, Grillpaprika, Spinat und Ziegenkäse – dieses Gericht ist ein solcher Augenschmaus, dass ich es einfach nicht weglassen konnte. Obwohl es, wie ich zugeben muss, eine echte Leistung ist, dieses Essen in 30 Minuten fertig zu haben. Am besten lässt sich der Strudel mit seinen schönen Schichten formen, indem man die einzelnen Zutaten in einer Kastenform übereinanderschichtet und dann auf den Filoteig stürzt, wie aus einem Sandförmchen am Strand ... klingt kniffliger, als es ist.

Für 6–8 Personen

1 EL Olivenöl

300 g junge Champignons, je nach Größe ganz oder halbiert

500 g junger Blattspinat

Salz und frisch gemahlener schwarzer Pfeffer

frisch geriebene Muskatnuss

300 g Cashewkerne

100 g Weißbrot, entrindet

100 g Parmesan, frisch gerieben

2 große Knoblauchzehen

1 TL gekörnte Gemüsebrühe

4 rote Paprikaschoten, Stielansatz, Samen und Scheidewände entfernt, in dicke, flache Stücke geschnitten und gegrillt (siehe Tipp Seite 156) oder 1 Glas gegrillte rote Paprika (etwa 285 g), abgetropft

200 g kräftiger Ziegenhartkäse, in Scheiben geschnitten

Öl für das Blech und den Teig

7 Blätter Filoteig

3–4 EL Rapsöl

1. Den Backofen auf 190 °C (Umluft 170 °C) vorheizen und eine Kastenform (etwa 25×12 cm) am Boden und an den Seiten mit Backpapier auslegen.

2. Das Olivenöl erhitzen, die Pilze hineingeben und 2–3 Minuten anbraten. Den Topf vom Herd nehmen.

3. In einem zweiten Topf den Spinat mit einigen Tropfen Wasser etwa 2 Minuten zusammenfallen lassen. Dann auf einem Sieb unter fließendem kaltem Wasser kurz abschrecken und überschüssiges Wasser mit den Händen ausdrücken. Den Spinat mit Salz, Pfeffer und Muskatnuss abschmecken.

4. Für die Nussmischung die Cashewkerne und das Brot in einem Küchenmixer oder mit einem Stabmixer fein zerkleinern. Dann Parmesan, Knoblauch, gekörnte Brühe und 4 EL Wasser dazugeben und alles gut mischen. Die Champignons unterziehen. Es wird so aussehen, als seien sie zu viele für die Menge an Nussmischung, aber das soll so sein.

5. Die Hälfte der Nussmischung in die Kastenform füllen und fest andrücken. Nacheinander die Hälfte der Paprikaschoten, die Hälfte des Spinats und den Ziegenkäse übereinanderschichten. Darauf den restlichen Spinat geben, gefolgt von den restlichen Paprikaschoten und zum Abschluss die restliche Nussmischung füllen. Alles gut nach unten pressen.

Fortsetzung nächste Seite

6. Zum Backen des Strudels ein Backblech mit Öl einstreichen. 2 Scheiben Filoteig der Länge nach leicht überlappend auf dem Backblech ausbreiten und mit etwas Öl einstreichen. Da der Teig später um die Füllung gerollt wird, macht es nichts, wenn er etwas über das Blech hinausgeht. Nun 2 Scheiben Filoteig quer darüberlegen, wieder mit Öl bestreichen und nochmals 2 Scheiben Teig längs darüberlegen und ebenfalls mit Öl bestreichen.

7. Dann den aufgeschichteten Block aus der Kastenform auf den Filoteig stürzen. Den Teig an den Seiten und Rändern um den Laib einklappen, alles gut zusammendrücken und die letzte Scheibe Filoteig daraufdrücken.

8. Mit dem restlichen Öl bestreichen und den Strudel im Backofen 15–20 Minuten backen, bis er goldbraun und knusprig ist. Am besten den Strudel nach etwa 10 Minuten mit Alufolie abdecken, damit er nicht zu stark bräunt, bevor er richtig durchgegart ist.

9. Zum Servieren einige Minuten abkühlen lassen und mit einem Brotmesser in dicke Scheiben schneiden.

Tipp: Möchten Sie die Paprikaschoten selbst grillen, am besten grob in jeweils vier flache Teile schneiden. Die Paprikastücke mit der Haut nach oben – falls nötig, in zwei Portionen – auf einem Backblech etwa 10 Minuten im vorgeheizten Backofen grillen, bis die Haut braun wird und spannt. Ich selbst entferne von der Haut immer nur die dunklen Stellen, die sich leicht lösen. Aber man kann die dünne Haut natürlich auch ganz ablösen.

Schnelle Falafel

Ich kann nicht für mich in Anspruch nehmen, diese Falafel ganz traditionell mit getrockneten Kichererbsen zu machen – das schafft man schließlich nicht in 30 Minuten. Aber ich kann Ihnen versprechen, die Falafel sind einfach herzustellen, schmecken köstlich und kommen bei Groß und Klein wunderbar an... Besonders gut passt dazu der Orientalische Salat (siehe Seite 158). Schön ist es auch, sie in warme Pitataschen zu füllen, zusammen mit einigen Salatblättern, Tomate, Gurke und geraspelter Möhre, auch ein paar schwarze Oliven schaden nicht. Zum Würzen nimmt man am besten erst einmal je 1 EL Kreuzkümmel und Koriander, probiert dann und würzt gegebenenfalls nach. Bei mir gilt immer: je würziger, desto besser.

Für 4 Personen

Vegan

125 g Hirse

Salz

1 Dose Kichererbsen (400 g), abgetropft

1–2 EL gemahlener Kreuzkümmel

1–2 EL gemahlener Koriander

2 Frühlingszwiebeln, fein gehackt

4 EL gehacktes Koriandergrün

1 EL frisch gepresster Zitronensaft

frisch gemahlener schwarzer Pfeffer

1–2 EL Vollkornmehl zum Bestäuben

Rapsöl zum Braten

1. Die Hirse in einem Topf mit 300 ml Salzwasser aufkochen und 15–20 Minuten zugedeckt bei kleiner Hitze quellen lassen, bis die Hirse das ganze Wasser aufgenommen hat und leicht und locker ist.

2. Die gegarte Hirse mit Kichererbsen, Kreuzkümmel, Koriander, Frühlingszwiebeln, Koriandergrün und 1 Spritzer Zitronensaft in einen Küchenmixer geben und alles zu einer dicken, sämigen Konsistenz pürieren. Abschmecken und nach Belieben noch Gewürze sowie Salz und Pfeffer dazugeben.

3. Aus der Mischung kleine Kugeln formen und mit etwas Mehl bestäuben (das hilft beim Formen).

4. Die Falafel im Rapsöl frittieren oder in wenig Öl braten, bis sie rundum goldbraun und knusprig sind. Auf Küchenpapier abtropfen lassen und servieren.

Orientalische Salatplatte mit Babaganoush

Ich mag es, wie dieser Salat in der Türkei angerichtet wird – mit marktfrischem Gemüse auf einer großen Platte, und insbesondere, wenn dazu Babaganoush gereicht wird, diese ungemein köstliche, sämige, knofelige und leicht bittere Auberginencreme ... Diese ist ganz leicht zu machen, wenn man die Möglichkeit hat, die Aubergine zu grillen. Ich grille sie auf einem alten Ofengitter auf meinem Gasherd, das dauert 10–15 Minuten. Sie können sie auch unter dem Backofengrill garen, das könnte allerdings etwas länger dauern. Alternativ schmeckt dazu auch Hummus sehr gut (siehe Seite 59). Dieser Salat ist übrigens auch der ideale Begleiter für die Schnellen Falafel (siehe Seite 157).

Für 4 Personen

Vegan

1 Bund Frühlingszwiebeln, in Stücke geschnitten

1 Bund Radieschen, mit Grün

4 Tomaten, geviertelt

125 g eingelegte Chilischoten, abgetropft

einige Falafel (siehe Seite 157)

Zitronenspalten zum Servieren

Für das Babaganoush

1 mittelgroße Aubergine

1 große Knoblauchzehe

2 EL frisch gepresster Zitronensaft

3 EL Tahini (Sesampaste)

Meersalz

1–2 EL Olivenöl (nach Belieben)

1 EL grob gehackte glatte Petersilie

1. Zunächst für das Babaganoush die Aubergine wie oben beschrieben im Ganzen grillen. Den Stiel nicht abschneiden, er ist praktisch, um die Aubergine hin und wieder zu drehen. Die Aubergine über der Gasflamme (oder unter dem vorgeheizten Backofengrill) immer wieder wenden, bis sie mehr oder weniger rundum angekohlt und weich ist. Sofort unter fließendem kaltem Wasser abschrecken und den Stiel entfernen. Die angekohlte Haut abziehen, dabei muss man es gar nicht zu genau zu nehmen. Ein paar Reste passen gut zum rauchigen Geschmack.

2. Die Aubergine mit Knoblauch, Zitronensaft und Tahini in einen Küchenmixer geben (oder in einen hohen Rührbecher, wenn Sie mit einem Stabmixer arbeiten) und sehr glatt pürieren. Mit Salz abschmecken. Traditionell gehört jetzt eigentlich noch Olivenöl in die Creme, aber ich verzichte oft ganz darauf oder träufele manchmal nur etwas davon obenauf. Probieren Sie selbst, wie es Ihnen am besten schmeckt! Die Creme in eine kleine Schüssel geben und die gehackte Petersilie darüberstreuen.

3. Die Salatzutaten auf einer großen Platte in einzelnen bunten Häufchen anrichten und das Babaganoush dazustellen. Mit Zitronenspalten garnieren.

Salate & Beilagen

Sommersalat aus zweierlei Bohnen und Kräutern

Dieser Salat bringt den Sommer auf den Teller! Er ist so einfach und so frisch, an einem heißen Sommertag einfach perfekt als leichte Mahlzeit oder Beilage, aber auch mit leckerem Brot und einem grünen Salat, aromatischen Tomaten, einem cremigen Dip oder Oliven – um nur eine kleine Auswahl zu nennen. Die Mengenangaben in diesem Rezept sind als Hauptgericht für zwei und als Beilage für vier Personen berechnet, man kann sie für einen Partysalat einfach vervielfachen.

Für 2–4 Personen
Vegan

250 g feine grüne Bohnen, die Enden nach Belieben abgeschnitten

1 Dose Cannellini-Bohnen (400 g), abgetropft

4 Frühlingszwiebeln, in feine Scheiben geschnitten

1 gehäufter EL gehackte glatte Petersilie

1 EL Schnittlauchröllchen

1 EL gehackte Minze oder gehackter Dill (nach Belieben)

Für das Dressing

2 EL Apfelessig

1 EL Olivenöl

Salz und frisch gemahlener schwarzer Pfeffer

1. In einen Topf etwa 1 cm hoch Wasser füllen und aufkochen. Die grünen Bohnen darin je nach Größe 4–6 Minuten kochen, bis sie zart und leuchtend grün sind. Dabei darauf achten, dass sie weich sind und nicht zwischen den Zähnen »quietschen«. In ein Sieb abgießen und unter fließendem kaltem Wasser abschrecken.

2. Inzwischen die Cannellini-Bohnen mit den Frühlingszwiebeln, der Petersilie, dem Schnittlauch und der Minze oder dem Dill in eine Schüssel geben.

3. Die gegarten Bohnen noch warm in die Schüssel dazugeben und alles mit Essig und Öl beträufeln. Vorsichtig mischen und mit Salz und Pfeffer abschmecken.

Spinatsalat
mit Apfel, Sellerie und Haselnüssen

Diese äußerst leckere, farbenfrohe Mischung mit unterschiedlichen Formen und Aromen passt besonders gut in die kühle Herbst- und Winterzeit. Sie können den Salat einfach mit einer Ofenkartoffel servieren oder aber mit einem Gratin Dauphinois (siehe Seite 137), wenn Sie auf der Suche nach einem ganz besonderes Mittagessen oder einer leichten Abendmahlzeit sind.

Für 4 Personen

Vegan

80 g Haselnusskerne

4 süßliche Äpfel, geschält, Kerngehäuse entfernt und in Stifte geschnitten

1 Sellerieherz, in Stifte geschnitten

200 g junger Blattspinat

2 kleine/mittelgroße Frühlingszwiebeln, gehackt

Für das Dressing

2 EL Apfelessig

2 EL Olivenöl

1–2 TL Ahornsirup

½ TL Dijonsenf

¼–½ TL Meersalz

1. Die Haselnusskerne, sollten sie noch nicht enthäutet und geröstet sein, in eine ofenfeste Form streuen und im Backofen bei 180 °C (Umluft 160 °C) 5–10 Minuten rösten, bis sie unter der Außenhaut goldbraun sind. Auf einen Teller schütten und abkühlen lassen, dann mit einem sauberen Geschirrtuch die braune Außenhaut abreiben. Beiseitestellen.

2. Für den Salat die Äpfel, den Sellerie, den Spinat und die Frühlingszwiebeln in eine Schüssel geben.

3. Sämtliche Zutaten für das Dressing verquirlen oder durch Schütteln mischen und nochmals mit Ahornsirup und Meersalz abschmecken.

4. Kurz vor dem Essen das Dressing in die Schüssel gießen, die Haselnusskerne hinzufügen und die Salatzutaten vorsichtig mischen.

Chicorée-Rucola-Salat mit Dill und Avocado

Dieser Salat in verschiedenen Grüntönen ist schnell fertig, ein echter Hingucker und schmeckt einfach köstlich. Mit Dill und Rucola sollte man nicht sparen, da sie hier eher Teil des Salats als lediglich Garnitur sind.

Für 4 Personen

Vegan

3 Chicorée, die Blätter getrennt

4 Handvoll Rucola

6–8 Stängel Dill, grob gehackt

1 große oder 2 kleine reife Avocados

Für das Dressing

1–2 Knoblauchzehen

Salz

4 EL Olivenöl

frisch gepresster Saft von 1 Zitrone

1 Spritzer Balsamessig

frisch gemahlener schwarzer Pfeffer

1. Die Chicoréeblätter, den Rucola und den Dill in eine Salatschüssel geben.

2. Die Avocados schälen, den Kern entfernen, die Frucht in Streifen schneiden und in die Schüssel dazugeben.

3. Für das Dressing den Knoblauch schälen, zerdrücken und mit etwas Salz zu einer Paste verrühren. Dann mit dem Öl, dem Zitronensaft und 1 Spritzer Balsamessig verrühren. Gegebenenfalls nochmals mit Salz und Pfeffer abschmecken.

4. Das Dressing in die Salatschüssel gießen, vorsichtig mit den Blättern und den Avocadostreifen mischen und den Salat servieren.

Rotkohltopf

Dies ist eines meiner liebsten Gemüsegerichte. Es ist einfach zuzubereiten, auch ohne Beilagen sehr lecker und kann mit Reis, Kartoffelpüree oder Folienkartoffeln, aber auch mit vielen anderen Gerichten serviert werden. Außerdem lässt sich so jede Mahlzeit ganz natürlich abrunden. Dieses Rezept ergibt eine ziemlich große Menge, aber der Rotkohltopf schmeckt aufgewärmt am nächsten Tag sogar noch besser und ist auch kalt sehr lecker. Es lohnt sich, den Kohl ziemlich fein zu raspeln, weil er dann schneller weich wird.

Für 4–6 Personen
Vegan

1 kleiner Rotkohl (etwa 750 g), fein geraspelt

1 großer Apfel, geschält, Kerngehäuse entfernt und gewürfelt

2 Handvoll Sultaninen

500 ml Apfelsaft

2 EL Apfelessig (siehe Tipp)

1. Den Kohl, den Apfel, die Sultaninen, den Apfelsaft und den Apfelessig in einen großen Topf geben.

2. Alles zum Kochen bringen und den Rotkohl zugedeckt 25 Minuten leise köcheln lassen, bis er schön weich ist. Während des Garens ein- oder zweimal umrühren.

3. Abschmecken und servieren.

Tipp: Sie können anstelle des Apfelessigs (oder noch dazu) ein wenig Ume Su (siehe Seite 84) verwenden. 1 Spritzer dieser Sauce intensiviert die Farbe und das Aroma des Rotkohls. Da sie sehr salzig ist, reicht etwa 1 TL Ume Su völlig aus.

Schneller Krautsalat

Hausgemachter Krautsalat ist so einfach und schnell zuzubereiten und schmeckt so viel besser als gekaufter, dass ich einfach nicht verstehen kann, warum irgendjemand ihn kauft. Der perfekte Kohl für diesen Salat ist der kleine grüne Spitzkohl, den man das ganze Jahr über erhält. Fertige Mayonnaise ist völlig in Ordnung für dieses Dressing. Ich serviere diesen Salat besonders gerne mit knusprigen Bircher-Kartoffeln (siehe Seite 188) und habe dann eine sehr schnelle und leckere Mahlzeit für die ganze Familie. Übrig gebliebener Krautsalat hält sich im Kühlschrank problemlos mindestens 24 Stunden.

Für 4 Personen

½ Spitzkohl (etwa 350–400 g), Strunk entfernt

1 große Möhre, geschält und gerieben

1 kleine Zwiebel, fein gehackt

4 gehäufte EL Mayonnaise, oder halb Mayonnaise, halb Naturjoghurt

2 EL frisch gepresster Zitronensaft

Salz und frisch gemahlener schwarzer Pfeffer

1. Den Spitzkohl entweder mit der Raspelscheibe der Küchenmaschine sehr fein raspeln oder auf einem festen Schneidebrett mit einem scharfen Messer in feine Streifen schneiden.

2. Den geraspelten Spitzkohl mit der Möhre, der Zwiebel, der Mayonnaise und dem Zitronensaft in eine Schüssel geben, mit Salz und Pfeffer abschmecken und alles gut mischen.

3. Sie können den Salat sofort servieren oder noch etwas ziehen lassen, dann wird der Kohl weicher.

Tipps: Dieser Salat schmeckt auch mit einer Essig-Öl-Vinaigrette anstelle der Mayonnaise gut.
Wandeln Sie den Salat mit folgenden Zutaten ab: Fein gehackte rote oder goldgelbe Paprikaschoten; Schnittlauchröllchen, Frühlingszwiebeln oder Petersilie; gehackte Walnusskerne, Sonnenblumen- oder Kürbiskerne – diese kurz vor dem Servieren hinzufügen; Rosinen oder Sultaninen; klein geschnittene Ananas oder Zuckermais, frisch oder aus der Dose; klein geschnittener Sellerie.

Die vegane Variante: Den Salat entweder mit einer Vinaigrette marinieren oder eine milchfreie Mayonnaise (wie die leckere Tofumayonnaise auf Seite 26) oder eine vegane Knoblauchmayonnaise aus dem Bioladen verwenden.

Kohlrabi-Brunnenkresse-Salat

Wenn es auf dem Mars Gemüse gäbe, würde es wie Kohlrabi aussehen... Ich schwärme geradezu für den zarten Geschmack dieser blassgrünen Knollen mit ihren wild in alle Richtungen wachsenden Blattstielen. Aber für mich ist noch interessanter und vor allem leckerer ihre knusprig-knackige Konsistenz, die in diesem Rezept besonders zur Geltung kommt. Dies ist ein leichter, praktischer Salat, der perfekt zu einem reichhaltigen Hauptgang passt, aber auch solo gut schmeckt.

Für 4 Personen

Vegan

2–3 Kohlrabis

1 Bund/Paket Brunnenkresse, geputzt

frisch gepresster Saft von ½ Zitrone

2 EL Olivenöl

Meersalz und frisch gemahlener schwarzer Pfeffer

1. Die Blattstiele der Kohlrabis abschneiden und die Knollen so dünn wie möglich schälen.

2. Die Kohlrabis mit einem scharfen Messer und ruhiger Hand oder einem Gemüsehobel in papierdünne Scheiben schneiden. Je nach Größe der Kohlrabis können Sie die Scheiben ganz lassen oder in zwei Halbmonde halbieren.

3. Die Kohlrabis und die Brunnenkresse auf eine flache Servierplatte legen.

4. Den Zitronensaft mit dem Olivenöl und etwas Meersalz verrühren und über die Kohlrabis träufeln. Zum Schluss schwarzen Pfeffer darübermahlen.

Tipp: Leckere Kohlrabis aus Bioläden und Supermärkten sollten Sie auf jeden Fall in den Einkaufskorb legen, weil sie so vielseitig verwendbar sind.

Geschmorte Möhren mit Kreuzkümmel

Obwohl ich die meisten Gemüsesorten knackig lieber mag, schmecken mir geschmorte Möhren besser wie hier: butterweich und zuckersüß. Wenn Sie sie gerne etwas mehr al dente hätten, nehmen Sie einfach den Topf vom Herd, wenn die Möhren Ihnen weich genug sind. Dieses Gericht ist besonders lecker mit jungen, lediglich abgebürsteten Möhren, ohne Grün, nur mit einigen Blattstielen daran. Ältere Möhren, abgebürstet oder, wenn nicht Bio, geschält und in kleinfingerdicke Stücke geschnitten, eignen sich aber genauso gut.

Für 4 Personen
Vegan

750 g Möhren, vorbereitet wie oben beschrieben

4 EL Olivenöl

4 Knoblauchzehen, in Scheiben geschnitten

1 TL gemahlener Kreuzkümmel

1 TL ganze Kreuzkümmelsamen

frisch gepresster Saft von ½ Zitrone

Salz und frisch gemahlener schwarzer Pfeffer

1–2 EL gehackte glatte Petersilie

1. Die Möhren mit dem Olivenöl, dem Knoblauch, dem gemahlenen und dem ganzen Kreuzkümmel, dem Zitronensaft, 150 ml Wasser sowie etwas Salz und Pfeffer in einen Topf geben. Zum Kochen bringen und die Möhren zugedeckt etwa 30 Minuten köcheln lassen, dabei aufpassen, dass sie nicht anbrennen.

2. Die Möhren sind gar, wenn sie sich mit der Messerspitze eingestochen sehr weich anfühlen, und das Wasser zu einer zähflüssigen, schimmernden Glasur eingekocht ist. Mit frischer gehackter Petersilie bestreut servieren.

Möhren-Koriander-Salat mit Orange

Ich mag die schlichte und frische Art dieses Salats, Sie können ihn aber auch mit einer Vinaigrette oder 1–2 EL Olivenöl anrichten, wenn er etwas gehaltvoller sein soll.

Für 4 Personen
Vegan

400 g Möhren, geschält und fein geraspelt

1 kleines Bund Koriandergrün, gehackt

4 Frühlingszwiebeln, gehackt

frisch gepresster Saft von 1 Orange oder ½ Zitrone

Salz

1. Alle Zutaten vermengen, würzen und abschmecken.

Brokkolini mit Gomasio

Perfekte Brokkolini müssen nicht großartig aufgepeppt werden: 1 Spritzer Ume Su, wenn Sie möchten, etwas Zitronen- oder Limettensaft, einige Tropfen geröstetes Sesamöl, falls Sie ihn mit einem orientalischen Gericht servieren, oder Olivenöl für ein mediterranes, und zum Schluss mit leckerem, nussig schmeckenden Gomasio bestreuen.

Für 4 Personen
Vegan

400 g Brokkolini (siehe Tipp)

1 EL frisch gepresster
  Zitronen- oder Limettensaft

1 EL geröstetes Sesamöl oder
  Olivenöl

1–2 TL Ume Su (Umeboshi
  Würzsauce), falls erhältlich
  (siehe Seite 84)

1–2 TL Gomasio (Sesamsalz;
  siehe Seite 179)

1. Die Brokkolini mit 6 EL Wasser in einen Topf geben. Zum Kochen bringen und zugedeckt je nach Hitze und Dicke der Stängel 5–15 Minuten köcheln lassen, bis man die Stängel mit einer Messerspitze durchstechen kann. Die Wassermenge hin und wieder überprüfen und gegebenenfalls etwas kochendes Wasser zugießen. Das Wasser ist eventuell verkocht, wenn die Brokkolini weich sind, falls nicht, das Wasser abgießen.

2. Die Brokkolini mit dem Zitronen- oder Limettensaft mischen, mit Öl und Ume Su beträufeln und mit Gomasio bestreut servieren.

Tipp: Will man das Beste aus Brokkolini – einer besonderen, neuen Brokkolisorte mit langen zarten Stängeln – herausholen, lohnt es sich, sie sorgfältig vorzubereiten: Die Stängel rundum mit einem Sparschäler schälen, um alle holzigen Fasern zu entfernen und die Stängel zu verdünnen, damit sie genau so schnell garen wie die zarten Köpfe. Außerdem koche ich sie gerne in so wenig Wasser wie möglich, damit alle Nährstoffe und das Aroma erhalten bleiben und nicht im Ausguss verschwinden. Sie müssen dabei jedoch den Topf, die Hitze und die Wassermenge im Auge behalten und gegebenenfalls etwas kochendes Wasser nachgießen. Falls Sie keine Brokkolini bekommen, können Sie sie einfach durch Brokkoli ersetzen.

Roter Mangold mit Olivenöl und Zitrone

Wenn Sie Roten Mangold so lecker wie möglich zubereiten möchten, sollten Sie die Stiele und die Blätter, wie in diesem Rezept, unterschiedlich lange garen. Roter Mangold ist übrigens eine meiner Lieblingsgemüsesorten.

Für 4 Personen

Vegan

1 kg Roter Mangold

Salz und frisch gemahlener
    schwarzer Pfeffer

Zitronenspalten zum Servieren

Olivenöl zum Servieren

1. Die Mangoldstiele von den Blättern trennen und in 2–4 cm lange Stücke schneiden, die abgetrennten Mangoldblätter grob hacken.

2. In einen großen Topf 1 cm hoch Salzwasser füllen und zum Kochen bringen. Die Mangoldstiele hinzufügen und zugedeckt 2–3 Minuten kochen, bis sie beginnen weich zu werden.

3. Dann die Mangoldblätter auf die Stiele in den Topf setzen. Alles zugedeckt garen, bis Stiele und Blätter weich sind. Das dauert noch 2–4 Minuten, je nachdem wie zart sie zu Beginn waren.

4. Abgießen und die gegarten Mangoldblätter und -stiele auf vorgewärmten Tellern servieren. Dazu Salz, Pfeffer, Zitronenspalten und Olivenöl reichen. So kann sich jeder selbst bedienen.

Rosenkohl mit Senf-Ahornsirup-Glasur und Szechuanpfeffer

Den wichtigsten Rat, um Rosenkohl perfekt zu garen, habe ich von meiner Mutter bekommen: Die Röschen halbieren, dann werden sie genau richtig und nicht zu weich. Wenn Sie den Rosenkohl dann noch mit einer süßen Senf-Ahornsirup-Glasur überziehen, um den leicht bitteren Geschmack auszugleichen, und zum Schluss großzügig Szechuanpfeffer darüberstreuen, falls sie dem Ganzen einen leicht exotischen Touch geben möchten, gewöhnlicher schwarzer Pfeffer geht aber auch, haben sie ein Gericht, das alle schlichtweg begeistern wird!

Für 4–6 Personen
Vegan

400 g Rosenkohl, geputzt
Salz

Für die Glasur

2 EL Dijonsenf
3 EL Ahornsirup

Für das Pfeffer-Topping

1 TL Szechuanpfeffer
1 TL Meersalz

1. Die Rosenkohlröschen der Länge nach von oben bis zum Strunk halbieren.

2. In einen Topf etwa 1 cm hoch Salzwasser füllen und zum Kochen bringen. Den Rosenkohl hineingeben und zugedeckt 4–5 Minuten oder etwas länger garen, bis die Röschen gerade eben weich sind, auf keinen Fall breiig werden lassen. Sofort abgießen.

3. Währenddessen für die Glasur den Senf in eine kleine Schüssel geben und nach und nach den Ahornsirup unter Rühren zugießen. Beiseitestellen.

4. Für das Pfeffer-Topping den Szechuanpfeffer in einen kleinen Topf geben und bei kleiner Hitze unter Rühren einige Sekunden rösten, bis er würzig duftet. Sofort auf einen Teller schütten, damit er nicht zu stark nachbräunt. Mit dem Meersalz in einem Mörser zerstoßen.

5. Die Rosenkohlröschen mit der Senfglasur überziehen, sodass sie schön schimmern und mit dem Pfeffer-Topping bestreut servieren.

Tipp: Diese Mischung aus Szechuanpfeffer und Salz schmeckt auch auf anderem Gemüse ausgezeichnet, z. B. auf grünen Bohnen, Möhren und Kohl, oder sogar auf Reis. Sie werden diese Mischung, nachdem Sie sie einmal gekostet haben, wahrscheinlich einige Zeit lang über alles streuen wollen!

Krautsalat mit asiatischer Note

Ein einfacher Salat aus Spitzkohl mit frischem Limettendressing.

Für 4 Personen

½ Spitzkohl

4 Frühlingszwiebeln

je 1 kleines Bund Koriandergrün,
    Basilikum und Minze

Für das Dressing

frisch gepresster Saft von 1 Limette

2 EL Olivenöl

1 Knoblauchzehe, zerdrückt

Salz, Pfeffer und flüssiger Honig
    oder Zucker zum Abschmecken

1. Den Spitzkohl mit der Schnittfläche nach unten auf ein großes Schneidebrett legen und mit einem scharfen Messer in feine Streifen schneiden, den Strunk entfernen. Den geschnittenen Kohl in eine große Schüssel geben.

2. Die Frühlingszwiebeln, den Koriander, das Basilikum und die Minze hacken und in die Schüssel geben.

3. Den Limettensaft, das Olivenöl und den Knoblauch direkt in die Schüssel geben und vorsichtig mit dem Spitzkohl, Frühlingszwiebeln und Kräutern mischen, darauf achten, den Knoblauch gleichmäßig zu verteilen.

4. Den Salat mit Salz, Pfeffer und Honig oder Zucker abschmecken und in einer hübschen Schüssel servieren.

Die vegane Variante: Für das Dressing Zucker statt Honig verwenden.

Asiatischer gepresster Salat mit Gomasio

Asiatische gepresste Salate sind sehr schnell und einfach zu machen: Das Gemüse wird geraspelt oder klein geschnitten, mit etwas Salz bestreut, mit einem Teller sowie einem Gewicht darauf zugedeckt und 20–30 Minuten beiseitegestellt. Auf diese Weise wird das Gemüse ohne jedes Öl weicher als mit einem Dressing und schmeckt leicht und frisch. Lecker garnieren können Sie diesen Salat mit Gomasio, einem schmackhaften Gewürz, das sehr gut zu vielen asiatischen Gerichten passt. In einem Glas hält es sich im Kühlschrank bis zu 14 Tage, schmeckt aber frisch am besten.

Für 4 Personen

1 Kopf- oder Bataviasalat, klein geschnitten

1 Bund Radieschen (etwa 100 g), geputzt und in Scheiben geschnitten

ein kleines Bund Dill – oder jedes andere Gewürzkraut, das gut mit diesem Gericht harmoniert

1 TL Meersalz

Für das Gomasio

1 TL Meersalz

3–4 EL Sesam

1. Ein Sieb auf eine Schüssel setzen, den Salat, die Radieschen und den Dill hineingeben und mit dem Meersalz bestreuen.

2. Den Salat vorsichtig mit den Händen mischen und dabei das Salz gut verteilen.

3. Einen Teller auf den Salat legen und diesen z. B. mit einer Konservendose oder einem 1-Liter-Tetrapak beschweren, mindestens 20–25 Minuten ziehen lassen. Die dabei austretende Flüssigkeit weggießen.

4. Für das Gomasio das Meersalz in einen Topf geben und einige Sekunden bei mittlerer Hitze rühren, damit keine Feuchtigkeit mehr darin verbleibt. Dann den Sesam dazugeben und bei mittlerer Hitze 3–4 Minuten rühren, bis der Sesam zu duften beginnt, sich verfärbt und im Topf hüpft. Vom Herd nehmen und sofort in eine Schüssel schütten, damit die Samen nicht zu stark nachbräunen. Die Mischung in einer elektrischen Kaffeemühle oder in einem Mörser zu grobem Pulver vermahlen. Hierfür wird traditionell der Suribachi, ein geriffelter japanischer Mörser, verwendet, aber ein einfacher Mörser geht auch.

5. Den gepressten Salat in einer Schüssel oder auf Tellern anrichten und mit Gomasio bestreut servieren.

Tipp: Sie können auch andere Gemüsesorten hierfür verwenden. Härtere Sorten wie Kohl, Sellerie oder Möhren sollten Sie etwas länger, etwa 60 Minuten, pressen. Dieser Salat hält sich im Kühlschrank bis zu 24 Stunden.

Gebackene Blumenkohlscheiben

In dieser sehr leckeren und appetitlichen Form kommt Blumenkohl so richtig zur Geltung und wird zum Star der Mahlzeit.

Für 4 Personen

Vegan

1 mittelgroßer Blumenkohl, geputzt und (wie ein Brot) in dicke Scheiben geschnitten

Olivenöl zum Bestreichen

Salz (nach Belieben)

1. Den Backofen auf 190 °C (Umluft 170 °C) vorheizen.

2. Die Blumenkohlscheiben mit Olivenöl bestreichen, nach Belieben salzen und in eine Auflaufform legen. Im Backofen etwa 15 Minuten backen, dann wenden und nochmals 10 Minuten backen, bis die Scheiben weich, leicht gebräunt und knusprig sind.

3. Die Blumenkohlscheiben auf einer Platte dekorativ anrichten. Schmeckt mit den Jungen Erbsen à la française (siehe Seite 181), dem Asiatischen gepressten Salat (siehe Seite 179) und Hummus (siehe Seite 59).

Gemischter Bauerntomatensalat

Wenn Sie das Glück haben, alte Tomatensorten zu bekommen, oder schlau genug sind, sie selbst anzubauen, machen Sie daraus diesen herrlichen Salat: Ohne Zweifel ist er der König unter den Sommersalaten!

Für 4 Personen

Vegan

900 g Tomaten (unterschiedliche alte Sorten), so viele Farben, Formen und Größen, wie Sie finden können: groß, klein, grün, rot, gelb, gestreift

2–3 EL natives Olivenöl extra

frisch gepresster Saft von ½ Zitrone

Meersalz und frisch gemahlener schwarzer Pfeffer

2–3 Stängel Basilikum zum Servieren

1. Die Tomaten in Scheiben schneiden und in eine Schüssel geben. Das Olivenöl und den Zitronensaft darüberträufeln, etwas Salz, wenn möglich knuspriges Meersalz, darüberstreuen und etwas Pfeffer darübermahlen.

2. Den Salat etwa 20 Minuten ziehen lassen, dann die Basilikumblätter klein zupfen, über den Salat streuen und diesen servieren.

Junge Erbsen à la française

Wenn Sie keine zarten, erntefrischen Erbsen bekommen können, sind tiefgefrorene die beste Alternative. Werden sie, wie in diesem Rezept, à la française zubereitet, schmecken sie fast wie frisch aus dem Garten.

Für 4 Personen

Vegan

1 EL Olivenöl

1 kleine Zwiebel, in Scheiben geschnitten

einige Kopfsalatblätter

tiefgefrorene Erbsen, unter heißem Wasser abgespült, falls sie direkt aus dem Gefrierschrank kommen

Salz (nach Belieben)

1. Das Olivenöl in einem mittelgroßen Topf erhitzen, die Zwiebel hinzufügen und vorsichtig 5 Minuten darin anschwitzen, ohne sie zu bräunen. Die Kopfsalatblätter, darauf die Erbsen sowie 1 EL Wasser dazugeben. Alles zugedeckt bei kleiner Hitze 10 Minuten garen, bis der Salat zusammengefallen ist und die Erbsen heiß sind. Nach Belieben salzen, sofort servieren.

Bunt gemischter Salat

Dieser Salat mit seinen unterschiedlichen Farben und Formen ist ein echter Hingucker. Er passt besonders gut als leichte, frische Beilage oder auf einem Buffet, wenn Sie einen Salat benötigen, der einige Zeit frisch bleibt.

Für 4 Personen

Vegan

1 kleiner Romanasalat

60 g Rotkohl

1 kleines Bund glatte Petersilie

1 Sellerieherz

je ½ gelbe und rote Paprikaschote, Stielansatz, Samen und Scheidewände entfernt

1 mittelgroße Möhre, geschält

1 Tomate

4 Frühlingszwiebeln

Für das Dressing

1 EL Apfelessig

1 EL Olivenöl

Salz

1. Die Salatblätter in 2 cm große Stücke schneiden. Den Kohl zuerst in Streifen, dann in Stücke schneiden, die Petersilie hacken. Alles in eine große Salatschüssel geben.

2. Den Sellerie, die Paprikaschoten und die Möhre zuerst in Stifte, dann in sehr kleine Würfel schneiden und in die Schüssel dazugeben. Die Tomate und die Frühlingszwiebeln hacken und ebenfalls hinzufügen.

3. Den Apfelessig und das Olivenöl sowie 1 Prise Salz über die Zutaten geben und alles vorsichtig zu einem Salat mischen.

Gegrillter Radicchio mit Himbeeressig

Als ich dieses Gericht zum ersten Mal ausprobiert habe, habe ich einen wunderbaren Himbeeressig mit ganzen Himbeeren verwendet. Den Essig hatte ich geschenkt bekommen, das Ergebnis war fantastisch. Genau dieser Essig hat mich zu folgendem Rezept inspiriert. Verwenden Sie unbedingt Himbeeressig mit ganzen Früchten, wenn möglich. Ich habe danach oft gewöhnlichen Himbeeressig und 1 Handvoll frische oder tiefgefrorene Himbeeren genommen, das funktioniert ebenso gut. Dieses Rezept schmeckt auch hervorragend mit festen, kleinen Romanasalatherzen, wenn Sie keinen Radicchio finden können, hat dann jedoch ein anderes Aroma.

Für 4 Personen

Vegan

1 großer Radicchio, geviertelt, oder 2 kleinere, halbiert

einige Rucolablätter zum Servieren

Für die Himbeeressigmarinade

6 EL Himbeeressig

1 kleine Handvoll frische oder tiefgefrorene Himbeeren

Salz und frisch gemahlener schwarzer Pfeffer

1. Für die Marinade alle Zutaten vermischen, dabei die Himbeeren leicht mit einem Löffelrücken zerdrücken.

2. Die Radicchiostücke in eine flache Auflaufform geben und mit der Marinade beträufeln. Bis etwa 8 Minuten vor dem Servieren beiseitestellen. Gleichzeitig den Backofengrill vorheizen.

3. Den Radicchio aus der Marinade nehmen und die Überschüsse durch Schütteln der Blätter zurück in die Form tropfen lassen. Mit den Schnittflächen zur Hitzequelle unter den vorgeheizten Backofengrill schieben oder auf einem feinmaschigen Rost auf den Grill legen. Etwa 3 Minuten grillen, bis der Radicchio beginnt in sich zusammenzufallen. Falls Sie einen Holzkohlengrill einsetzen, die Schnittflächen nach oben drehen, die Marinade- und Himbeerreste darübergeben und den Radicchio nochmals 2–3 Minuten grillen. Im Backofen muss der Radicchio nicht gewendet werden, da die Schnittflächen hier bereits nach oben zeigen.

4. Sofort servieren: Der gegrillte Radicchio schmeckt wunderbar pur oder als Beilage, wobei ich ihn am liebsten auf einem Bett aus Rucolablättern serviere.

Tipp: Sie können vor oder nach dem Grillen nach Belieben einige Tropfen Olivenöl über die Radicchiostücke träufeln.

Gebratener Kohl mit Tomatensauce

Dieses leckere, gehaltvolle Gemüsegericht wird mit Kohl zubereitet. Man bräunt ihn in großen Stücken in Olivenöl und schmort ihn dann so lange mit Tomaten, bis er weich und von einer tollen Tomatensauce umgeben ist.

Für 4 Personen

Vegan

1 mittelgroßer Spitzkohl oder Wirsing, die harten Außenblätter entfernt

2–3 EL Olivenöl

4 Tomaten, gehackt

2 Knoblauchzehen, zerdrückt

2 EL Tomatenmark

Salz und frisch gemahlener schwarzer Pfeffer

1. Den Spitzkohl in vier keilförmige Stücke schneiden. Das Öl in einem großen Topf (oder einer großen Pfanne mit Deckel) erhitzen. Die Kohlstücke mit einer Schnittfläche nach unten darin 2–3 Minuten leicht anbräunen, dann wenden und jeweils die zweite Schnittfläche ebenfalls anbraten.

2. Die Tomaten, den Knoblauch und das Tomatenmark hinzufügen und mit einem Pfannenwender unter die Kohlstücke schieben, sodass diese auf der Tomatenmischung liegen. 4 EL Wasser an den Wänden entlang in den Topf hineinfließen lassen und alles mit Salz und Pfeffer würzen.

3. Zum Kochen bringen und zugedeckt 20 Minuten leise köcheln lassen, bis der Kohl schön weich ist und die Tomaten zu einer dickflüssigen Sauce zerfallen sind.

4. Die Sauce nochmals abschmecken und den gebratenen Kohl servieren.

Junge Dicke Bohnen in der Hülse mit cremiger Petersiliensauce

Dicke Bohnen gehören zu den Gemüsesorten, die ich tiefgefroren für besser halte als frisch (das gilt auch für junge Erbsen). Es sei denn, man findet sehr zarte, junge Dicke Bohnen, nicht viel dicker als der kleine Finger. Hat man wirklich das Glück, solche zu finden, bereitet man sie am besten genauso zu wie grüne Bohnen in der Schote und serviert sie mit einer guten, bewährten Petersiliensauce.

Für 4 Personen

500 g zarte junge Dicke Bohnen in der Schote, geputzt, falls nötig, und ganz belassen oder in 5 cm große Stücke geschnitten

Salz

2 gehäufte EL gehackte Petersilie

Für die Petersiliensauce

25 g Butter

1 leicht gehäufter EL Mehl

400 ml Milch (mit ungesüßter Sojamilch wird die Sauce am cremigsten)

Salz und frisch gemahlener Pfeffer

Muskatnus, frisch gerieben

1. Zunächst für die Sauce die Butter, das Mehl und die Milch in einen Topf geben, aufkochen und verquirlen, bis die Sauce dickflüssig und glatt ist.

2. Die Sauce einige Minuten leise köcheln lassen, damit sie nicht nach Mehl schmeckt. Vom Herd nehmen und mit Salz, Pfeffer und Muskatnuss abschmecken.

3. Die Dicken Bohnen in wenig kochendem Salzwasser zugedeckt 5–6 Minuten weich garen und abgießen.

4. Gegebenenfalls die Sauce aufwärmen, dann zu den Bohnen geben, die Petersilie darüberstreuen und alles vorsichtig mischen. Abschmecken und servieren.

Pastinaken-Sticks mit Meerrettichdip

Süßlich schmeckende, knusprig gebratene Pastinaken sind schlichtweg unwiderstehlich, vor allem, wenn sie mit einem kühlen, scharfen Meerrettichdip serviert werden. Kleinere, zarte Pastinaken eignen sich am besten für dieses Rezept. Ich schneide das untere Ende ab und viertele dann die restliche Wurzel. So erhält man einigermaßen gleich große »Fritten«.

Für 4 Personen

500 g Pastinaken, geschält und in gleich große »Fritten« geschnitten

Salz

8 EL Olivenöl oder Rapsöl

50 g Hartweizengrieß

Für den Meerrettichdip

150 g Crème fraîche oder Joghurt

1 EL Sahnemeerrettich aus dem Glas

Salz und frisch gemahlener schwarzer Pfeffer

1. Den Backofen auf 230 °C (Umluft 210 °C) vorheizen.

2. In einen Topf etwa 1 cm hoch Salzwasser füllen und aufkochen. Die Pastinaken-Sticks darin etwa 8 Minuten kochen, bis sie beginnen weich zu werden.

3. Kurz bevor sie ganz weich sind, das Öl in eine Auflaufform gießen und zum Erhitzen in den Backofen stellen.

4. Die Pastinaken abgießen und rundum sorgfältig im Hartweizengrieß wenden.

5. Die Pastinaken in die Auflaufform geben (wenden nicht nötig) und im Backofen goldbraun und knusprig backen, nach etwa 10 Minuten wenden.

6. Währenddessen für den Dip die Crème fraîche oder den Joghurt mit dem Sahnemeerrettich vermischen. Mit Salz und Pfeffer abschmecken.

7. Die Pastinaken aus dem Backofen nehmen, auf Küchenpapier abtropfen lassen, dann auf einer Servierplatte oder Tellern anrichten. Nach Belieben salzen und mit dem Meerrettichdip servieren.

Die vegane Variante: Für den Dip milchfreien Meerrettich oder Tofumayonnaise (siehe Seite 26) verwenden.

Bircher-Kartoffeln

Bircher-Kartoffeln, kreiert von Dr. Bircher-Benner, der auch das Original-Müsli erfunden hat, gehören in meiner Familie schon lange zu den Lieblingsgerichten und sind ideal für die schnelle Küche, weil sie in 30 Minuten fertig sind. Sie sind eine Mischung aus Folien- und Bratkartoffeln, genauer gesagt Folienkartoffeln, die auf der einen Seite wie knusprig goldbraune Bratkartoffeln aussehen. Diese Beschreibung wird ihnen allerdings nicht gerecht, probieren Sie sie einfach aus!

Für 4 Personen

Vegan

8–12 kleinere bis mittelgroße Kartoffeln, gebürstet

Olivenöl

Meersalz

1 Prise Kümmelsamen (nach Belieben)

1. Den Backofen auf 200 °C (Umluft 180 °C) vorheizen.

2. Die Kartoffeln der Länge nach halbieren und mit der Schnittfläche nach unten auf ein mit Öl eingestrichenes Backblech legen. Mit etwas Meersalz und gegebenenfalls Kümmelsamen bestreuen.

3. Im Backofen etwa 25 Minuten backen, bis die Kartoffeln auf der Oberseite weich und auf der Unterseite knusprig und goldbraun sind.

Tipp: Verwenden Sie kleinere (aber keine neuen) Kartoffeln, jeweils etwa 125 g, damit sie in 20–25 Minuten weich sind, oder größere wie für Folienkartoffeln, wenn die Zeit keine Rolle spielt. Ich nehme gerne Bio-Kartoffeln, wenn die Schale mitgegessen wird.

Hirse-Blumenkohl-Püree mit Petersilie

Hirse und Blumenkohl werden getrennt voneinander gegart und dann zusammen in einem Küchenmixer oder mit einem Stabmixer zu einem cremigen Püree verarbeitet, das in Geschmack und Aussehen an Kartoffelpüree erinnert. Das ist ein klassisches Rezept der makrobiotischen Diätküche, in der normalerweise keine Kartoffeln vorkommen. Für mich ist dieses Püree als stärkehaltiger Bestandteil einer Mahlzeit eine willkommene Abwechslung zu Kartoffeln, Reis oder Couscous. Ein weiteres Plus besteht darin, dass es gesundes Gemüse enthält.

Für 4 Personen
Vegan

225 g Hirse

Salz

1 mittelgroßer Blumenkohl, geputzt und in Röschen zerteilt

2 EL Olivenöl

frisch gemahlener schwarzer Pfeffer

1. Die Hirse in einem Topf ohne Fett bei mittlerer Hitze etwa 4 Minuten unter Rühren rösten, bis sie zu duften beginnt. Vorsichtig 400 ml Salzwasser zugießen, da der Topf mit der Hirse heiß ist, steigt heißer Dampf auf. Zum Kochen bringen und die Hirse zugedeckt 15 Minuten kochen, oder bis sie das ganze Wasser aufgenommen hat und blassgelb aussieht.

2. In der Zwischenzeit 2,5 cm Salzwasser hoch in einen Topf füllen und zum Kochen bringen. Den Blumenkohl hineingeben und zugedeckt je nach Größe der Röschen in 6–7 Minuten weich garen. Sorgfältig abgießen.

3. Den Blumenkohl und die Hirse mit dem Olivenöl in einem Küchenmixer oder mit einem Stabmixer glatt und cremig pürieren. Mit Salz und schwarzem Pfeffer würzen. Vor dem Servieren vorsichtig aufwärmen.

Tipp: Wie bei Kartoffelpüree aus den Resten kleine Plätzchen formen, in Mehl wenden und goldbraun und knusprig braten.

Gebratene Kartoffel-Wedges mit Meersalz und Balsamessig

Mehligkochende Kartoffelsorten wie Adretta, Afra oder Karlena eignen sich für dieses Rezept am besten. So werden die Kartoffelspalten goldgelb und sehr knusprig.

Für 4 Personen

Vegan

4 große mehligkochende Kartoffeln, gebürstet und in schmale Spalten geschnitten, max. 1 cm dick

Salz

8 EL Olivenöl

50 g Hartweizengrieß

Meersalz

Balsamessig

1. Den Backofen auf 230 °C (Umluft 210 °C) vorheizen.

2. In einen Topf etwa 1 cm hoch Salzwasser füllen und zum Kochen bringen. Die Kartoffeln darin 5 Minuten vorkochen. 2 Minuten vor Ende der Garzeit das Olivenöl in eine große Auflaufform gießen und diese zum Erhitzen in den Backofen stellen.

3. Die Kartoffeln sorgfältig abgießen, dann mit Grieß bestreuen und darin rundum wenden, damit er sich überall gut verteilt.

4. Die Kartoffeln in die Auflaufform setzen und im Backofen 10–15 Minuten backen. Dann wenden und nochmals 5 Minuten backen, bis die Kartoffeln goldgelb und knusprig sind.

5. Die Kartoffeln aus der Form nehmen und zum Abtropfen auf einen großen Teller oder ein Backblech mit Küchenpapier legen. Auf einer Servierplatte anrichten, mit Meersalz bestreuen und Balsamessig darüberträufeln, oder beides separat dazu reichen.

Süße Leckereien

Heidelbeer-Crumble

Gibt es irgendjemanden, der zu einem frischen Crumble nein sagen würde? Als schneller, warmer und glücklich machender Nachtisch ist dieser ja auch kaum zu überbieten.

Für 4 Personen

250 g Heidelbeeren

1 EL Speisestärke

1 Glas Heidelbeerfruchtaufstrich ohne Zuckerzusatz (etwa 300 g)

75 g Haferflocken

75 g Vollkorn-Dinkelmehl

4 EL kalt gepresstes Rapsöl

5 EL Demerarazucker

Sahne oder Vanilleeis zum Servieren

1. Den Backofen auf 190 °C (Umluft 170 °C) vorheizen.

2. Die Heidelbeeren in eine flache ofenfeste Form verteilen und die Speisestärke darüberstreuen. Den Fruchtaufstrich dazugeben und alles vorsichtig mischen.

3. Für das knusprige Topping die Haferflocken mit dem Dinkelmehl in einer Schüssel mischen. Das Rapsöl mit einer Gabel unterrühren und eine leicht bröselige Streuselmischung herstellen. Zuletzt 4 EL Demerarazucker locker unterrühren.

4. Die Streuselmischung über die Heidelbeeren verteilen und den restlichen Demerarazucker darüberstreuen. Den Crumble im Backofen 15–20 Minuten backen, bis die Streusel knusprig und goldbraun sind und die Früchte am Rand herausblubbern. Mit flüssiger Sahne oder Vanilleeis servieren.

Die vegane Variante: Anstelle von Sahne oder Vanilleeis die entsprechenden Soja-Produkte verwenden oder den Crumble einfach so servieren.

Brombeer-Apfel-Kompott
mit Mascarpone und gerösteten Haselnüssen

Eine klassische Kombination, die immer wieder gut ankommt und mit selbst gepflückten Brombeeren besonders lecker schmeckt. Ich nehme für dieses Rezept lieber Tafel- als Kochäpfel, da man dann kaum Zucker hinzufügen muss. Aber natürlich können Sie auch Kochäpfel verwenden und nach Belieben süßen.

Für 4 Personen

1 kg Tafeläpfel, geschält, vom Kerngehäuse befreit und in Scheiben geschnitten

Aprikosenfruchtaufstrich ohne Zuckerzusatz, Honig oder Ahornsirup (nach Belieben) (siehe Seite 201)

500 g Brombeeren

25 g Haselnusskerne, geröstet Mascarpone zum Servieren

1. Die Apfelscheiben mit 2 EL Wasser in einen Topf mit schwerem Boden geben. Zugedeckt 10–15 Minuten leise köcheln lassen, sie sollten nicht anbrennen.

2. Abschmecken und nach Belieben gegebenenfalls zusätzlich mit Aprikosenfruchtaufstrich, Ahornsirup oder Honig süßen.

3. Die Brombeeren ohne Wasser in einen zweiten Topf geben und einige Minuten darin vorsichtig kochen lassen, bis sie Saft ziehen.

4. Die Brombeeren vorsichtig unter die Apfelmischung rühren. Das Kompott kann wunderbar warm genossen werden, schmeckt aber auch kalt sehr fein.

5. Das Kompott mit den Haselnüssen bestreuen und mit Mascarpone servieren.

Rhabarber-Ingwer-Kompott

Ob kalt, lauwarm oder heiß: Dieses saftig-frische Dessert kommt immer gut an. Wenn es nicht vegan sein muss, schmecken ein feiner Joghurt oder Sahne und Mandel- oder Orangenkekse sehr gut dazu.

Für 4 Personen
Vegan

2 Stücke in Sirup eingelegte Ingwerwurzel

1 kg Rhabarber

50 g Zucker (oder mehr; nach Belieben)

4 TL Ingwersirup aus dem Glas

1. Den Ingwer fein hacken. Die äußere, faserige Hautschicht vom Rhabarber abziehen, die Stangen in 2,5 cm lange Stücke schneiden und mit ausreichend Zucker, Ingwersirup und gehacktem Ingwer in einen Topf geben, etwas Ingwer zum Garnieren aufbewahren.

2. Den Rhabarber zugedeckt leise 3 Minuten köcheln lassen. Vorsichtig umrühren und noch 2–3 Minuten weiterköcheln, bis der Rhabarber weich ist. Mit dem beiseitegestellten Ingwer garniert servieren.

Aprikosenkompott

Dieses Rezept eignet sich wunderbar für Aprikosen, die zu hart sind, um sie einfach so zu essen. Angerichtet auf einer flachen weißen Schale sehen diese goldgelb leuchtenden Früchte einfach zu appetitlich aus. Wer mag, kann etwas Vanillemark in die Glasur rühren.

Für 4 Personen

600–700 g Aprikosen

400 ml klarer Apfelsaft

1 Glas Aprikosenfruchtaufstrich ohne Zuckerzusatz (etwa 300 g)

2 TL Kuzu, Speisestärke oder Pfeilwurzelmehl (siehe Tipp)

Zucker (nach Belieben)

Schlagsahne und Mandelblättchen, geröstet, zum Servieren (nach Belieben)

1. Die ganzen Aprikosen mit dem Apfelsaft (einige Löffel davon zurückbehalten) in einen Topf geben. Kurz aufkochen und zugedeckt 10–15 Minuten köcheln. Die Früchte sollen weich sein, aber nicht zerfallen, daher immer wieder kontrollieren.

2. Vorsichtig die Aprikosen durch ein Sieb in eine Schüssel abgießen. Die Aprikosen auf einer Servierschale verteilen und die Flüssigkeit zurück in den Topf gießen. Den Aprikosenfruchtaufstrich dazugeben und alles aufkochen.

3. In einer kleinen Schüssel Kuzu, Speisestärke oder Pfeilwurzelmehl mit dem beiseitegestellten Apfelsaft verrühren und etwas heißen Sud dazugeben. Dann alles in den Topf gießen und unter Rühren etwa 1 Minute leicht eindicken lassen.

4. Den Guss – und ein Stückchen Aprikose – abschmecken und gegebenenfalls nachsüßen.

5. Nun den Guss gleichmäßig über und um die Aprikosen verteilen und das Kompott warm oder kalt dazu servieren. Nach Belieben Schlagsahne und geröstete Mandeln dazu reichen.

Tipp: Kuzu ist ein klumpiges, weißes Pulver, das aus den Wurzeln einer japanischen Wildpflanze gewonnen wird. Man findet es in japanischen Feinkostläden und gut sortierten Bioläden. Kuzu dient ebenso wie Speisestärke oder Pfeilwurzelmehl zum Binden von Speisen, wird aber in der Flüssigkeit besonders durchsichtig mit einem samtigen Glanz und soll sich (wie Pfeilwurzelmehl) positiv auf die Verdauung auswirken.

Die vegane Variante: Sojasahne anstelle der Sahne verwenden oder das Kompott einfach so servieren.

Warmes Pflaumenkompott mit Zimt

Unglaublich lecker: Saftige, zarte Pflaumenstücke im eigenen Saft, geschmacklich abgerundet mit Zimt. Ich verwende zum Andicken besonders gerne Kuzu (siehe Seite 197), zu finden in japanischen Feinkostläden oder gut sortierten Bioläden und unbedingt einen Versuch wert. Andernfalls Speisestärke verwenden. Halten Sie auch nach Reissirup Ausschau. Er ist ein wunderbares Süßungsmittel, das ich hierfür und für andere Desserts sehr gerne verwende. Ahornsirup oder Honig wären aber gute Alternativen.

Für 4 Personen

500 g Pflaumen, z. B. Susinen

½ Zimtstange

1 Stück Schale einer Bio-Zitrone

400 ml Apfelsaft

etwas Honig, Reissirup oder
   Ahornsirup (nach Belieben)

2 EL Kuzu oder Speisestärke

50 g geschälte Mandeln, gehackt
   (nach Belieben)

1. Die Pflaumen vierteln und entkernen.

2. Die Pflaumenstücke mit Zimtstange und Zitronenschale in einen Topf geben. 3–4 EL Apfelsaft abnehmen und beiseitestellen. Den übrigen Saft zu den Pflaumen geben und alles zum Kochen bringen. Kurz köcheln lassen, bis sich die Pflaumen leicht mit einer Messerspitze einstechen lassen. Das dauert möglicherweise nur 3 Minuten, denn die Pflaumen garen sehr schnell und sollten nicht zu weich werden. Vom Herd nehmen, abschmecken und gegebenenfalls mit Honig, Reissirup oder Ahornsirup nachsüßen.

3. Die Pflaumen über einer Schüssel durch ein Sieb abgießen. Den Pflaumensaft wieder in den Topf gießen und aufkochen.

4. Das Kuzu in einer kleinen Schüssel sorgfältig mit dem beiseitegestellten Apfelsaft verrühren, etwas heiße Flüssigkeit dazugeben und alles in den Topf gießen. Auf den Herd stellen und 2–3 Minuten rühren. Sobald die Flüssigkeit zu einer klaren, samtig glänzenden Sauce einzudicken beginnt, den Topf vom Herd nehmen.

5. Die Pflaumen in einer Servierschüssel oder Portionsschälchen anrichten, die Sauce darübergießen und nach Belieben mit den geschälten Mandeln bestreuen. Ein Genuss, egal ob heiß, warm oder kalt. Beim Abkühlen wird die Sauce leicht geleeartig.

Tipp: Geschälte Mandeln gibt es fertig zu kaufen, besser schmecken sie aber selbst abgezogen. Dazu einfach die Mandeln 2 Minuten in kochendes Wasser legen, abgießen und kalt abschrecken, dann mit den Fingern aus der Schale drücken.

Stachelbeer-Holunder-Dessert

Allein schon der Gedanke an diesen leckeren klassischen Nachtisch, der so richtig nach Sommer schmeckt, macht mich glücklich. Etwas Zucker unterstreicht den Eigengeschmack der Früchte, obwohl Sie nach Belieben auch Honig, Ahornsirup oder Agavensirup verwenden können. Ein feiner Mandelkeks ist hier der perfekte Begleiter.

Für 4 Personen

400 g grüne Stachelbeeren,
    Stiel entfernt und geputzt

2 EL Holunderblütenextrakt

100 g extrafeiner Zucker, Honig
    oder Ahornsirup

200 g Sahne

Minzeblätter oder einige Holunder-
    beeren, zum Verzieren
    (nach Belieben)

Mandelkekse zum Servieren

1. Eine flache Form, groß genug für die gekochten Stachelbeeren, zum raschen Kühlen der heißen Stachelbeeren in den Gefrierschrank stellen.

2. Die Stachelbeeren mit dem Holunderblütenextrakt und dem Zucker in einen Topf geben und zugedeckt etwa 10 Minuten köcheln, bis die Stachelbeeren weich sind.

3. Wenn dieses Dessert in 30 Minuten fertig sein soll, müssen die Stachelbeeren rasch gekühlt werden. Dazu die Beeren in die eisgekühlte Form geben, mit einer Gabel oder einem Kartoffelstampfer zerdrücken und so lange wie möglich kühlen: Sie müssen nicht eiskalt sein, aber kühl genug, damit die Sahne, mit der sie vermischt werden, nicht gerinnt. (Ich bin manchmal ziemlich rigoros und stelle die Stachelbeeren einfach einige Minuten in den Gefrierschrank, damit sie schneller abkühlen!)

4. Die Sahne steif schlagen und unter das kalte Stachelbeermus heben. Die Mischung mit einem Löffel in 4 Glasschälchen geben, mit Minzeblättern oder Holunderbeeren verzieren und mit Mandelkeksen servieren.

Beerenkuchen mit Aprikosenglasur

Diese farbenfrohe Pracht aus Erdbeeren, Himbeeren und Heidelbeeren mit goldgelb schimmerndem Aprikosenaufstrich auf einem Boden, der auf der Zunge zergeht, ist einfach umwerfend. Ich verwende für den Boden gerne Dinkelmehl, aber er wird dann ziemlich krümelig, ein herkömmlicher Mürbeteig ist ebenso lecker! Sie benötigen eine flache Kuchenform (20 cm Durchmesser, Rand max. 2,5 cm hoch). Ich habe hier Fruchtaufstrich ohne Zuckerzusatz verwendet, den man in vielen Supermärkten kaufen kann.

Für 4 Personen

Für den Teig

200 g Dinkelmehl

½ TL Salz

8 EL kalt gepresstes Rapsöl

Für die Füllung

1 Glas Aprikosenfruchtaufstrich ohne Zuckerzusatz (etwa 300 g)

150 g Erdbeeren, nach Bedarf halbiert oder geviertelt, Stielansatz entfernt

125 g Heidelbeeren

75 g Himbeeren

Schlagsahne, Crème fraîche oder abgetropfter griechischer Joghurt zum Servieren (nach Belieben)

1. Den Backofen auf 200 °C (Umluft 180 °C) vorheizen.

2. Für den Boden das Mehl mit dem Salz in eine Schüssel sieben und das Öl sowie 2 EL Wasser zugießen. Zuerst alles vorsichtig mit einer Gabel vermengen, dann mit den Händen zu einem Teig verkneten.

3. Aus dem Teig eine Kugel formen und zwischen zwei Lagen Frischhaltefolie so dünn wie möglich ausrollen, die Frischhaltefolie ist dabei sehr hilfreich. Beim Ausrollen die Richtung ab und zu ändern, ohne die Folie zu verschieben.

4. Die obere Frischhaltefolie abziehen, den Teig in die Kuchenform (20 cm Durchmesser) stürzen und fest andrücken. Die zweite Folie abziehen, die Teigränder abschneiden und den Boden mehrmals mit einer Gabel einstechen. Den Boden im Backofen in 6–8 Minuten knusprig und goldgelb backen. 5 Minuten abkühlen lassen, falls die Zeit reicht.

5. Den Fruchtaufstrich in einen Topf geben und bei kleiner Hitze leicht flüssig werden lassen, dann mit einem Löffel die Hälfte des Aufstrichs auf den Boden streichen. Die Beeren auf dem Boden verteilen und den Rest des Fruchtaufstrichs auf und um die Früchte herum träufeln. Den Beerenkuchen einfach pur oder mit Sahne oder Joghurt servieren.

Die vegane Variante: Sojasahne anstelle der Sahne verwenden oder den Kuchen einfach ohne alles servieren.

Mango-Kardamom-Dessert

Üppig, cremig, köstlich... Ich verwende hierzu eine wirklich reife, duftende Mango, dann benötigt man kein zusätzliches Süßungsmittel.

Für 4 Personen

1 große reife Mango

200 g Sahne

200 g fester griechischer Joghurt

Samen aus 4–6 Kardamomkapseln, zerdrückt

einige Minzeblätter zum Servieren

1. Die beiden Mangohälften etwa 5 mm rechts und links vom Stielansatz abschneiden, schälen und das Fruchtfleisch in grobe Stücke schneiden.

2. Die Mangostücke mit einem Stabmixer zu einem glatten, sämigen Püree verarbeiten.

3. Die Sahne steif schlagen und den cremigen Joghurt vorsichtig unterheben.

4. Das Mangopüree und die zerdrückten Kardamomsamen hinzufügen und alles vorsichtig verrühren, sodass goldgelbe und weiße Streifen entstehen.

5. Das Dessert in Glasschälchen füllen und mit Minzeblättern garnieren.

Die vegane Variante: Festen, ungesüßten Soja-Naturjoghurt und vegane saure Sahne verwenden, beides in gut sortierten Bioläden erhältlich.

Warme Honigfeigen
mit gerösteten Mandelblättchen

Süß-saftige warme Feigen mit knusprig gerösteten Mandelblättchen und kühlem griechischem Joghurt oder Crème fraîche schmecken einzigartig gut und lassen sich ganz einfach zubereiten. Ich verwende hierfür gerne festen Waldhonig mit einem starken, würzigen Eigengeschmack.

Für 4 Personen

8 frische Feigen

4 EL aromatischer Waldhonig, z. B. Thymian-Honig

1 gute Prise Salz

50 g Mandelblättchen

fester griechischer Joghurt oder Crème fraîche zum Servieren

1. Die Feigen durch den Stielansatz kreuzweise bis fast zum Boden einschneiden, die Stücke sollten am Boden noch verbunden sein.

2. Den Honig und das Salz in einen flachen Topf geben und langsam erhitzen, bis es blubbert. Dann die Feigen auf den Honig geben und mit einem Löffel etwas Honig über und in die Feigen träufeln.

3. Die Feigen bei kleiner Hitze 3–10 Minuten köcheln lassen, bis sie warm und weich sind. Den geschmolzenen Honig währenddessen weiter über die Feigen träufeln. Den Topf rechtzeitig vom Herd nehmen, bevor die Früchte zu weich werden.

4. Währenddessen die Mandelblättchen in einen kleinen Topf geben und ohne Fett bei mittlerer Hitze unter Rühren rösten, bis sie goldbraun sind und duften. Sofort vom Herd nehmen und auf einen Teller schütten, damit sie nicht nachbräunen.

5. Die Mandelblättchen über die Honigfeigen streuen und diese mit Joghurt oder Crème fraîche servieren.

Die vegane Variante: Verwenden Sie Ahornsirup statt Honig und servieren Sie die Pflaumen mit veganer saurer Sahne, die man in Bioläden und gut sortierten Supermärkten kaufen kann.

Türkischer Obstsalat

Dieser Obstsalat wird nicht nur in der Türkei, sondern in vielen orientalischen Ländern serviert und erfordert minimalen Aufwand. Er kann zur absoluten Krönung einer Mahlzeit werden, wenn Sie Spaß daran haben, eine farbenprächtige Auswahl frischer Früchte auf einem Eiswürfelbett und garniert mit halbierten Passionsfrüchten und leuchtend roten Granatapfelkernen zu servieren.

Für 4 Personen
Vegan

4–5 unterschiedliche Fruchtsorten, z. B. Wassermelone, Erdbeeren, Himbeeren, Kirschen, Trauben, Feigen, Aprikosen, Nektarinen

2–3 Passionsfrüchte

Eiswürfel, zerstoßen (Crushed Ice)

1 Granatapfel

Zitronen- oder Limettenspalten und Minzeblätter zum Servieren (nach Belieben)

1. Die Früchte nur minimal vorbereiten, z. B. die Schale an den Wassermelonenstücken und den grünen Stielansatz an den Erdbeeren lassen, größere Früchte wie Pfirsiche halbieren oder vierteln.

2. Die zerstoßenen Eiswürfel auf eine große Servierplatte geben und die Früchte, auch die Passionsfrüchte, dekorativ darauf anrichten.

3. Den Granatapfel quer halbieren, die Hälften mit der Schnittfläche über eine Schüssel halten und mit einem Holzlöffel daraufklopfen, bis die Samen in die Schüssel fallen. Die Kerne über die Früchte streuen.

4. Den Obstsalat nach Belieben mit Zitronen- oder Limettenspalten und Minzeblättern dekorieren.

Schnelles Erdbeer-Honig-Eis

Wenn Sie Erdbeeren im Gefrierschrank haben und Sahne, Honig sowie eine leistungsstarke Küchenmaschine zur Hand sind, ist dieses Eis im Handumdrehen fertig. Sogar eine sehr leckere vegane Variante ist machbar.

Für 4 Personen

450 g tiefgefrorene Erdbeeren, direkt aus dem Gefrierschrank

4 gehäufte EL Honig

570 g Sahne

1. Alle Zutaten in die Küchenmaschine geben und zu einer dickflüssigen, cremigen Masse – Eiscreme eben – mixen. Sofort servieren.

Die vegane Variante: Sojasahne anstelle von Sahne und Ahornsirup statt Honig verwenden.

Mandarinenschaumcreme

Diese Creme ist ein wunderbar luxuriöser Schlusspunkt für ein ganz besonderes Essen. Da sie sehr üppig ist, sollten Sie davon am besten nur kleine Portionen servieren.

Für 4 Personen

2 große Bio-Mandarinen
   (z. B. Satsumas)

175 g Sahne

1 EL Ahornsirup

1. Die Schale einer der beiden Satsumas in eine Schüssel reiben. Die Sahne hinzufügen und alles 20 Minuten ziehen lassen, damit sich das Aroma entfalten kann.

2. Die Sahne durch ein Nylonsieb in eine zweite Schüssel streichen und dabei so viel Öl wie möglich aus der Schale herausdrücken.

3. Zur Verzierung einige Zesten von der Schale der zweiten Satsuma abziehen. Den Saft beider Satsumas auspressen und mit dem Ahornsirup zur Sahne gießen. Die Mischung vorsichtig aufschlagen, bis sie locker und cremig ist, dabei sollte sie nicht gerinnen.

4. Die Creme mit einem Löffel in hübsche Gläser füllen, bis zum Servieren kalt stellen und mit den Zesten der Satsumaschale garniert servieren.

Tipp: Diese Creme sofort nach der Zubereitung essen, da sie nach etwa 1 Stunde zu gerinnen beginnt.

Zimtpfannkuchen
mit Himbeer-Rosen-Füllung

Diese leicht-lockere Pfannkuchenspezialität wird nur aus Mehl, Kichererbsenmehl und Wasser gemacht. Mit warmem, nach Rosen duftendem Fruchtaufstrich gefüllt ist sie einfach pures Glück auf dem Teller!

Für 4 Personen
Vegan
Für die Pfannkuchen
75 g Kichererbsenmehl
75 g Mehl, vermischt
    mit ¾ TL Backpulver
Olivenöl zum Backen
gemahlener Zimt zum Bestäuben

Für den Fruchtaufstrich
1 Glas Himbeerfruchtaufstrich ohne
    Zuckerzusatz (etwa 285 g)
2–3 TL Rosenwasser
    zum Abschmecken (siehe Tipp)

1. Zuerst den Fruchtaufstrich mit 2 TL Rosenwasser in einen kleinen Topf füllen und bei kleiner Hitze erwärmen, dabei flüssig, aber nicht zu heiß werden lassen.

2. Für die Pfannkuchen das Kichererbsenmehl in eine Schüssel geben und mit einem Löffel eventuelle Klümpchen lösen. Das Mehl mit dem Backpulver hinzufügen und nach und nach mit 300–350 ml kaltem Wasser zu einem dünnflüssigen Teig verrühren.

3. 2 EL Olivenöl in einer großen beschichteten Pfanne erhitzen. Sobald das Öl raucht, etwas Teig hineingeben und durch Schwenken der Pfanne verteilen. Dieser Teig fließt nicht wie herkömmlicher Teig, deshalb muss man die Pfanne etwas stärker schwenken als gewöhnlich, damit er sich dünn auf dem Pfannenboden verteilt.

4. Den Pfannkuchen 1–2 Minuten backen. Die Ränder mit einem Pfannenwender anheben und prüfen, ob die Unterseite dunkel und goldbraun ist. Dann wenden und die andere Seite ebenfalls kurz backen. Den Pfannkuchen auf einen Teller legen und warm halten, während Sie die restlichen backen.

5. Den Fruchtaufstrich mit dem restlichen Rosenwasser abschmecken, nach Belieben noch mehr dazugeben, je nach Konzentration des Rosenwassers.

6. Etwas Fruchtaufstrich in die Mitte eines Pfannkuchens geben, vorsichtig aufrollen und mit Zimt bestäuben. Mit allen Pfannkuchen ebenso verfahren und servieren. Sie können die Pfannkuchen, den Zimt und den Fruchtaufstrich auch getrennt servieren.

Tipp: Rosenwasser gibt es in unterschiedlicher Konzentration. Je stärker es ist, umso weniger benötigt man davon. Sie können diese Pfannkuchen stattdessen auch mit Rosenblütenfruchtaufstrich servieren.

Glasierte Birnen mit Mandel-Crunch

Schmelzend zarte Birnenhälften mit knuspriger Mandelfüllung sind nicht schwer zuzubereiten und haben einen ganz besonderen Geschmack. Das Grundrezept stammt von einer Kollegin – leicht abgewandelt gehört es heute zu meinen Lieblingsnachspeisen.

Für 4 Personen

Vegan

4 große Birnen

500 ml Apfel- oder Birnensaft

1 Stück Schale einer Bio-Zitrone

1 Prise Salz

8 TL Ahornsirup

Für die Füllung

100 g gemahlene Mandeln

2 EL Reissirup, hell oder dunkel
(siehe Tipp), oder Ahornsirup

Für die Glasur

4–6 TL Kuzu oder Stärkemehl
(siehe Tipp Seite 197)

2 EL Zitronensaft

1 TL fein abgeriebene Zitronenschale

1. Die Birnen halbieren, dabei die Stiele ganz lassen. Die Früchte schälen und das Kerngehäuse vorsichtig, am besten mit einem Teelöffel, entfernen.

2. Die Birnen in einen Topf geben, den Apfel- oder Birnensaft (einige EL für später beiseitestellen), die Zitronenschale und das Salz hinzufügen. Aufkochen, dann die Hitze reduzieren und alles zugedeckt 5–7 Minuten köcheln lassen, bis die Birnen weich sind, wenn man sie mit einer Messerspitze einsticht.

3. Inzwischen für die Füllung die Mandeln in einer Pfanne ohne Fett etwa 3 Minuten rösten, bis sie duften und goldgelb sind. Dann sofort auf einen Teller schütten, damit sie nicht nachbräunen. Den Reissirup in den Topf geben und erhitzen, die Mandeln dazugeben und 1–2 Minuten rühren, bis die Mischung eindickt. Vom Herd nehmen.

4. Die gegarten Birnen mit einem Schaumlöffel aus dem Topf heben und auf eine Servierschale legen. 1 TL Ahornsirup in jede Birne geben, dann die Mitte großzügig mit der Mandelmischung füllen.

5. Für die Glasur den Birnensud nochmals erhitzen. 4 TL Kuzu oder Stärkemehl sowie Zitronensaft und -schale in dem beiseitegestellten Apfel- oder Birnensaft auflösen und in den Birnensud rühren. Vorsichtig erhitzen und 2–3 Minuten rühren, bis die Mischung dickflüssig und klar ist. Ist sie nicht dickflüssig genug, das restliche Kuzu oder Stärkemehl in einigen EL Wasser auflösen und hinzufügen, nochmals rühren und erhitzen. Die Glasur über und um die Birnen gießen. Heiß, warm oder kalt servieren.

Tipp: Reissirup ist eine sanfte Art des Süßens, die ich sehr gerne mag. Sie finden ihn im Glas in japanischen Geschäften oder Bioläden.

Obstsalat mit Limetten und Minze auf Mangopüree

Diese leckere Mischung aus verschiedenen Aromen und Formen ist einfach wunderbar erfrischend. Knackige, leicht säuerliche Äpfel, grüne Kiwis und blaue Trauben, umgeben vom süßen Duft reifer Mango, mit einem Hauch Limette und frischer Minze ... herrlich, und dabei doch so einfach!

Für 4 Personen

Vegan

Für den Obstsalat

2 große leicht säuerliche Äpfel (z. B. Boskop), geschält, Kerngehäuse entfernt und grob in Stücke geschnitten

4 Kiwis, geschält, geviertelt und grob in Stücke geschnitten

300 g kernlose blaue Weintrauben

abgeriebene Schale und Saft von 2 Bio-Limetten

Ahornsirup (nach Belieben)

4 Stängel Minze zum Servieren

Für das Mangopüree

1 große reife Mango, oder 2 kleinere

1. Für den Obstsalat alle Fruchtstücke vermengen. Die Limettenschale und den Saft hinzufügen. Abschmecken und gegebenenfalls mit etwas Ahornsirup süßen.

2. Die beiden Mangohälften etwa 5 mm rechts und links vom Stielansatz abschneiden, dann schälen und das Fruchtfleisch in grobe Stücke schneiden. Die Mangostücke in einem Küchenmixer oder mit einem Stabmixer zu einem glatten, sämigen Püree verarbeiten.

3. Zuerst das Mangopüree in eine Servierschüssel geben, dann den Obstsalat darauf anrichten und zuletzt alles mit Minze garnieren.

Schoko-Amaretti-Puddingtorte

Dieser Schokopudding auf einem knusprigen Amaretti-Boden und einer leichten Schokoladencreme ist im Handumdrehen fertig. Man kann ihn sofort essen oder über Nacht stehen lassen – er wird eigentlich nur besser. Ein praktisches Puddingrezept für Notfälle, weil die Zutaten so einfach sind. Die Zartbitterschokolade sollte allerdings immer von guter Qualität sein.

Für 4–6 Personen

300 g Zartbitterschokolade
(mindestens 50% Kakaomasse)

25 g Butter

125 g Amaretti

200 g Sahne

½ TL fein geriebene Schale
von 1 Bio-Orange

Zesten von 1 Bio-Orange
zum Servieren

1. Zuerst den Pudding zubereiten: 200 g Schokolade in Stücke brechen und in einer Schüssel im heißen Wasserbad schmelzen. Die Schüssel vom Topf nehmen und zum schnellen Abkühlen in eine Schüssel mit kaltem Wasser stellen.

2. Währenddessen mit einem Sparschäler von der restlichen Schokolade einige Schokospäne abschälen und zum Verzieren beiseitestellen. Den Rest der Schokolade in Stücke brechen, mit der Butter in einem mittelgroßen Topf bei sehr kleiner Hitze schmelzen lassen.

3. Die Amaretti zerbröseln. Die Schokomischung vom Herd nehmen, die Amaretti-Brösel dazugeben und unter Rühren rundum gleichmäßig mit der Schoko-Butter-Mischung überziehen.

4. Den Ring einer Springform (20 cm Durchmesser) auf eine Kuchenplatte setzen, die Schoko-Amaretti-Mischung in den Ring füllen und mit einem Löffelrücken fest andrücken. Die Platte mit dem Schokoboden kühl stellen (ich nehme den Gefrierschrank).

5. Inzwischen die Sahne zur geschmolzenen Schokolade gießen, die geriebene Orangenschale dazugeben und alles zu einer zähflüssigen, hellen Creme verquirlen. Das dauert nur wenige Minuten, wenn die Mischung kühl genug ist. Dauert es länger, alles einige Minuten in den Kühl- oder Gefrierschrank stellen.

6. Die Schokocreme mit einem Löffel auf dem Boden bis zum Rand verteilen und die Oberseite mit einem Löffelrücken glatt streichen. Sie können die Torte sofort servieren oder kalt stellen. Mit einem Messer den Rand lösen und den Ring entfernen, den Rand mit einem Messer glätten. Je länger Sie das Ganze stehen lassen, umso leichter löst sich der Ring. Vor dem Servieren mit den Schokospänen und den Orangenzesten verzieren. Die Torte schmeckt einfach so gut oder mit etwas Sahne, leicht aufgeschlagen und mit 1 EL Rum, Weinbrand oder Amaretto aromatisiert.

Die vegane Variante: Prüfen Sie, ob die Schokolade vegan ist: Viele, allerdings nicht alle Zartbitterschokoladensorten sind es. Sojasahne anstelle von Sahne und knusprige vegane Kekse statt Amaretti verwenden. Je nach Geschmacksrichtung der Kekse die Torte mit oder ohne Orangenschale zubereiten und statt Orangenzesten mit Mandelblättchen oder gehackten Ingwerstäbchen verzieren.

Gegrillte Ananasspalten mit Rum und Crème fraîche

Gegrillte Ananasspalten, von denen das Grün nicht entfernt wurde, sehen ziemlich eindrucksvoll aus und schmecken wunderbar, weil der Geschmack durch das Grillen noch intensiver wird.

Für 4 Personen

1 große saftige Ananas

geschmacksneutrales Speiseöl, z. B. Traubenkernöl oder mildes Olivenöl

etwa 6 EL Rohrohrzucker

6 EL Rum

Crème fraîche zum Servieren

1. Die Ananas durch die Blätter von oben nach unten in acht Stücke schneiden. Beide Seiten mit wenig Öl einstreichen und mit dem Rohrohrzucker bestreuen.

2. Die Ananasstücke in einer Pfanne oder auf einer Grillplatte erhitzen, bis der Zucker geschmolzen und die Ananas leicht gebräunt ist, ohne den Zucker anbrennen zu lassen. Dann die Stücke wenden und mit der anderen Seite wiederholen.

3. Die Ananasstücke auf Teller legen und den Rum darüberträufeln. Mit Crème fraîche servieren.

Tipp: Achten Sie darauf, dass der Rum vegetarisch oder veganer-freundlich hergestellt ist, er ist eigentlich nicht schwer zu finden.

Schneller Käse-Schoko-Kuchen mit Limette

Ein herrlicher Käsekuchen, in weniger als 30 Minuten fertig. Eigentlich ist er ja so schon perfekt, aber wenn Sie es gerne etwas farbenfroher hätten und dazu noch einen passende Geschmacksvariante, können Sie noch das Mangopüree (siehe Seite 214) dazu reichen.

Für 6–8 Personen

200 g weiße Schokolade, in Stücke gebrochen

200 g Vollkornkekse, zerbröselt

1 TL gemahlener Ingwer

75 g weiche Butter

200 g halbfetter Frischkäse

300 g Sahne

fein geriebene Schale von 1 Bio-Limette, auch Zesten, zum Servieren

2 EL frisch gepresster Limettensaft

1. Die weiße Schokolade in einer Schüssel im heißen Wasserbad in 4–5 Minuten unter Rühren schmelzen.

2. Inzwischen die zerbröselten Kekse mit dem Ingwer und der Butter mischen, gleichmäßig auf dem Boden einer Springform (20 cm Durchmesser) verteilen und fest andrücken.

3. Den Frischkäse in einer Schüssel cremig schlagen. In einer zweiten Schüssel die Sahne so steif wie möglich schlagen (Vorsicht, sie soll dabei nicht gerinnen!).

4. Die geschmolzene Schokolade mit der Limettenschale und dem Saft vorsichtig unter den Frischkäse rühren, dann die geschlagene Sahne unterheben.

5. Die Mischung auf den Boden aus Keksbröseln geben und die Oberfläche glatt streichen.

6. Diesen Kuchen kann man sofort servieren, nach Belieben mit Limettenzesten garnieren. Er ist zwar weich und cremig, aber fest genug, um ihn in Stücke zu schneiden. Wenn Sie ihn einige Minuten in den Kühlschrank stellen, wird er noch fester und ist dann leichter zu schneiden. Nach 24 Stunden im Kühlschrank schmeckt er immer noch sehr lecker.

Schnelle Schoko-Haselnuss-Brownies

Diese Brownies sind in 30 Minuten fertig, vorausgesetzt alle Zutaten stehen bereit. Außerdem eher eine flache, breite Backform als eine tiefe, schmale verwenden. Werden die Brownies in einer tiefen Form gebacken, sollten sie einige Minuten länger im Ofen bleiben. Warm und mit Vanilleeis serviert, sind sie unsagbar gut. Ich nehme als dunklen Zucker für diese Brownies am liebsten die klebrig-feuchten Vollrohrzucker Muscovado oder Rapadura, weil sie am natürlichsten sind. Man findet sie in Bioläden und vielen Supermärkten.

Für etwa 15 Brownies

100 g Zartbitterschokolade,
   in Stücke gebrochen

100 g Butter, in groben Stücken

225 g Vollrohrzucker

2 große oder 3 mittelgroße Eier

50 g Mehl, vemischt mit
   1 Msp. Backpulver

125 g Haselnusskerne,
   leicht geröstet und enthäutet,
   grob gehackt

1. Den Backofen auf 190 °C (Umluft 170 °C) vorheizen. Eine flache Backform mit Backpapier auslegen.

2. Die Schokolade und die Butter in einen Topf geben. Bei mittlerer Hitze unter Rühren schmelzen lassen und darauf achten, dass nichts anbrennt.

3. Vom Herd nehmen und zuerst den Zucker, dann die Eier und das Mehl unterrühren. Alle Zutaten gut miteinander verrühren.

4. Die Haselnüsse unterheben, den Teig in die Backform gießen und im Backofen etwa 25 Minuten backen, bis die Browniemasse an den Rändern fest, in der Mitte aber noch weich ist. Einige Minuten abkühlen lassen, dann in Streifen schneiden und aus der Form nehmen.

Schokotrüffel und Power Balls

Medjool-Datteln sind große, fleischige Datteln, die man entweder beim frischen Obst oder bei den Trockenfrüchten findet. Sie zählen nämlich irgendwie weder zu den frischen noch zu den getrockneten Früchten. Man bekommt sie meistens in schicken, transparenten Schachteln. Sie können auch herkömmliche Datteln verwenden, sollten diese aber vorher etwa 15 Minuten in kochendem Wasser einweichen.

Für je etwa 12 Stück
Vegan
Für die Dattel- Schoko-Trüffel

6 Medjool-Datteln (oder 8 herkömmliche Datteln), entsteint

85 g Mandelmus

2 EL Kakaopulver

½ Päckchen Vanillezucker

Kakaopulver zum Bestäuben

Für die Power Balls

100 g Soft-Aprikosen, ungeschwefelt (meist Bio-Qualität; siehe Tipp)

100 g gemahlene Mandeln

½ Päckchen Vanillezucker

Samen aus 4–6 Kardamomkapseln, zerdrückt

2–3 EL gemahlene Mandeln zum Wälzen

12 geschälte Mandeln zum Servieren

1. Für die Dattel-Schoko-Trüffel die Datteln mit dem Mandelmus, dem Kakaopulver und dem Vanillezucker in einem Küchenmixer zu einer glatten Paste verarbeiten. Oder alles in ein hohes Rührgefäß geben und mit einem Stabmixer pürieren.

2. Ein Stück Backpapier mit etwas Kakaopulver bestäuben. Die klebrige Masse in 12 Portionen teilen und in dem Kakaopulver jeweils zu einer Kugel rollen. Wenn sie etwas getrocknet sind, werden sie fester.

3. Für die Power Balls die Soft-Aprikosen, die gemahlenen Mandeln, den Vanillezucker und den Kardamom in einem Küchenmixer oder mit einem Stabmixer zu einer festen, klebrigen Masse pürieren.

4. Aus der Masse ebenfalls 12 Kugeln formen, in den gemahlenen Mandeln wälzen und jede Kugel mit einer ganzen Mandel verzieren.

Tipps: Naturgetrocknete Soft-Aprikosen, ohne Schwefeldioxid zur Konservierung der Farbe, sind dunkelbraun und besitzen ein herrlich volles Aroma, fast wie Melasse.
Ich mag besonders den Hauch von Kardamom in den Power Balls, er gibt ihnen ein exotisches, orientalisches Aroma. Aber auch ohne Kardamom sind sie sehr lecker und schmecken dann meistens auch Kindern.

Schokoladen-Kastanien-Kuchen

Dieser herrlich üppige Kuchen steht einer Schokoladentorte in nichts nach. Er ist problemlos in 30 Minuten fertig, wird jedoch fester und leichter zu schneiden, wenn man ihn noch etwas stehen lässt. Der Teig reicht aus für eine 500-g-Kastenform. Sie können allerdings auch eine Tortenversion zubereiten: Dafür die Mengen verdoppeln, zwei Kuchen in zwei runden Springformen (etwa 17,5 cm Durchmesser) backen und dann mit frisch geschlagener Sahne dazwischen aufeinandersetzen.

Für 6 Personen

150 g Zartbitterschokolade
    (70% Kakaomasse),
    in Stücke gebrochen

1 Dose ungesüßtes Kastanienpüree
    (etwa 440 g)

90 g weiche Butter

4 EL Ahornsirup

150 g Sahne, geschlagen,
    zum Servieren

1. Die Schokolade in eine Schüssel geben und im heißen Wasserbad einige Minuten schmelzen lassen.

2. Das Kastanienpüree, die Butter und den Ahornsirup in einer Schüssel gründlich mischen und die geschmolzene Schokolade hineinrühren.

3. Die Seiten und den Boden einer Kastenform mit Backpapier auslegen. Die Schokoladenmischung in die Form füllen und die Oberseite glatt streichen.

4. Der Kuchen wird schnell fest. Wenn Sie vorsichtig vorgehen, können Sie ihn aus der Form nehmen, das Papier abziehen und ihn sofort schneiden, aber je länger er steht, desto fester und leichter zu schneiden wird er, vor allem wenn er vorher im Kühlschrank war. Mit geschlagener Sahne servieren und nach Belieben mit Schokospänen garnieren.

Schnelle Kekse mit Aprikose und Himbeere

Diese Kekse sind im Handumdrehen gebacken und werden erst beim Abkühlen knusprig (Versuchen Sie nicht, sie direkt vom Blech zu essen, der Fruchtaufstrich ist kochend heiß!). Da sie aus natürlichen, gesunden Zutaten gebacken werden und nicht zu süß sind, habe ich kein schlechtes Gewissen, sie meinen Enkelkindern zu geben. Außerdem macht es ihnen großen Spaß, sie mit mir zusammen zu backen. Die Kekse schmecken mit Aprikosen- und Himbeerfruchtaufstrich sehr lecker.

Für etwa 18 Kekse
Vegan

200 g Dinkelmehl
200 g gemahlene Mandeln
1 Prise Salz
¼–½ TL gemahlener Zimt
   (nach Belieben)
6 EL kalt gepresstes Rapsöl
6 EL Ahornsirup
etwa 3 EL Himbeer- und/oder
   Aprikosenfruchtaufstrich ohne
   Zuckerzusatz

1. Den Backofen auf 180 °C (Umluft 160 °C) vorheizen. Ein Backblech mit Backpapier auslegen.

2. Das Mehl, die Mandeln, das Salz und gegebenenfalls den Zimt in eine Schüssel geben. Das Rapsöl und den Ahornsirup zugießen und alles vorsichtig zu einem weichen Teig verkneten.

3. Den Teig in 18 Portionen teilen und jede Portion zu einer Kugel formen. Die Kugeln auf das Backblech setzen und mit der Hand etwas flach drücken. Mit der Fingerspitze in die Mitte der Kekse eine kleine Mulde drücken und diese mit Fruchtaufstrich füllen.

4. Im Backofen in 15–20 Minuten goldbraun backen: Wir mögen sie lieber goldgelb und weich als dunkel und fest. Sie werden fester, während sie auf einem Gitterrost abkühlen.

Tipps: Wenn Sie den Geschmack von Mandeln besonders gerne mögen, können Sie noch 1–2 Tropfen echten Mandelextrakt hinzufügen.
Viele Menschen, die Weizen nicht gut vertragen, haben keine Probleme mit Dinkelmehl, das aus einer Urform des Weizens gewonnen wird.
Diese Kekse schmecken übrigens auch mit Gerstenmehl sehr lecker.

Bananen mit Macadamia-Karamell-Sauce

Ich kreiere für mein Leben gerne überraschende Geschmackserlebnisse, indem ich Zutaten ungewöhnlich kombiniere. Hier habe ich Macadamianüsse mit Ahornsirup, Kokosmilch, Vanille und etwas Salz zu einem cremigen Topping verquirlt, das mir wie salziges Karamell vorkommt und herrlich zu Bananen passt. Sehen Sie selbst!

Für 4 Personen

Vegan

4 Bananen

geröstete gesalzene Macadamianusskerne, gehackt, zum Servieren.

Für die Karamellsauce

100 g ungesalzene Macadamianusskerne

½ TL Meersalz

4 EL Kokosmilch aus der Dose

6 EL Ahornsirup

½ TL Vanillezucker

1. Für die Sauce alle Zutaten in einen Küchenmixer geben und zu einer dickflüssigen cremigen Masse pürieren. Je stärker der Motor des Mixers, desto glatter und cremiger wird die Sauce, auf jeden Fall so glatt wie möglich rühren.

2. Die Bananen schälen, in Scheiben schneiden und auf 4 Gläser verteilen. Die Karamellsauce darübergießen und alles mit gehackten gesalzenen Macadamiakernen bestreut servieren.

Register

Dank

Viele Menschen haben ihre Begabung und ihre Erfahrung in die Entstehung dieses Buches mit eingebracht und ihnen allen möchte ich hiermit meinen herzlichen Dank aussprechen.

Ein großer Dank geht an Lizzy Gray, die mich dazu anregte, das Buch zu schreiben, und an ihr wunderbares Verlagsteam, Elen Jones und George Atsiaris, außerdem an Mari Roberts, meine hervorragende Lektorin, sie alle waren mit ihren Vorschlägen und Ideen eine große Stütze. Dem herausragenden Fotografen Myles New danke ich für seine tollen Fotos. Ein großer Dank gebührt auch Annie Hudson, der Foodstylistin, sowie Danny McGuire und Rachel Wood, ihren Assistenten, die diese Rezepte so wunderbar umgesetzt haben. Danke auch an Polly Webb-Wilson für das tolle Prop-Styling, an Myfanwy Vernon-Hunt für das großartige Design und Heike Schuessler für das Cover.
Danken möchte ich auch meiner Agentin Barbara Levy, die mir immer mit Rat und Tat zur Seite steht, sowie meinem lieben Mann und meiner ganzen Familie, die immer für mich da sind.

Meine Zuneigung und mein Dank gilt ihnen allen.

Rose Elliot, von der Queen für ihre Verdienste um die vegetarische Küche ausgezeichnet, hat schon zahlreiche vegetarische und vegane Kochbücher veröffentlicht.

Für Vegetarier, angehende Vegetarier und Veganer in aller Welt

London, New York, Melbourne, München und Delhi

Text © Rose Elliot 2012
Fotos © Myles New 2012

Food Styling Annie Hudson
Prop Styling Polly Webb-Wilson

Für die deutsche Ausgabe
Programmleitung Monika Schlitzer
Projektbetreuung Elke Homburg
Herstellungsleitung Dorothee Whittaker
Herstellung und Covergestaltung Kim Weghorn

Bibliografische Information Der Deutschen Bibliothek
Die Deutsche Bibliothek verzeichnet diese Publikation in der
Deutschen Nationalbibliografie; detaillierte bibliografische
Daten sind im Internet über **http://dnb.ddb.de** abrufbar.

Titel der englischen Originalausgabe:
30-minute-vegetarian

Der Originaltitel erschien 2012 bei Collins.

The rights of the author have been asserted.

Übersetzung Claudia Theis-Passaro, Heike Hunke-Wormser
Redaktion Kathrin Gritschneder

ISBN 978-3-8310-2335-6

Printed and bound in China

Besuchen Sie uns im Internet
www.dorlingkindersley.de